Wilfried Krenn
Herbert Puchta

Ideen

Deutsch als Fremdsprache

Arbeitsbuch 1

Hueber Verlag

Produktion der Audio-CD: Tonstudio Langer, Ismaning
Sprecherinnen und Sprecher: Moritz Günther, Crock Krumbiegel,
Sabrina Mnakri, Bettina von Websky, Jakob Weers, Jana Weers u.a.

Gesamtlaufzeit: 70 Minuten

Produktion der CD-ROM: David Wohlhart, Paul Wohlhart,
Brigitte Buchinger, Graz

12. 11. 10. | Die letzten Ziffern
2026 25 24 23 22 | bezeichnen Zahl und Jahr des Druckes.
Alle Drucke dieser Auflage können, da unverändert,
nebeneinander benutzt werden.
1. Auflage

Umschlaggestaltung: Martin Lange Design, Karlsfeld
Satz, Layout, Grafik: Martin Lange Design, Karlsfeld
Verlagsredaktion: Elisabeth Graf-Riemann, Marktschellenberg; Gisela Wahl, Hueber Verlag, München
Druck und Bindung: F&W Druck- und Mediencenter GmbH, Kienberg
Printed in Germany
ISBN 978-3-19-011823-6
ISBN 978-3-19-101823-8 (mit CD-ROM)

Art. 530_03697_001_11

Inhalt

Wie heißt du? 8

Modul 1

Lektion 1 — Ja, klar! Das weiß ich. 9
- A Text 9
- B Wortschatz und Grammatik 9
- Aussprache 11
- C Wortschatz und Grammatik 12
- D Hören: Alltagssprache 13
- E Grammatik 13
- Finale: Fertigkeitentraining 14
- Lernwortschatz 16
- Das kann ich jetzt ... 17

Lektion 2 — Kennst du Mafalda? 18
- A Text 18
- B Wortschatz und Grammatik 18
- C Wortschatz und Grammatik 20
- D Hören: Alltagssprache 22
- E Grammatik 23
- Aussprache 24
- Finale: Fertigkeitentraining 25
- Lernwortschatz 26
- Das kann ich jetzt ... 27

Lektion 3 — Was machst du heute? 28
- A Text 28
- B Wortschatz 28
- C Grammatik 30
- Aussprache 31
- D Hören: Alltagssprache 32
- E Grammatik 33
- Finale: Fertigkeitentraining 34
- Lernwortschatz 36
- Das kann ich jetzt ... 37

Lektion 4 — Wie mein Vater, wie meine Mutter ... 38
- A Text 38
- B Wortschatz 38
- C Grammatik 40
- D Hören: Alltagssprache 43
- Aussprache 43
- E Grammatik 44
- Finale: Fertigkeitentraining 45
- Lernwortschatz 46
- Das kann ich jetzt ... 47

Test: Modul 1 48

Modul 2

Lektion **5** 50
Wie schmeckt das?

A Text 50
B Wortschatz 50
C Grammatik 51
Aussprache 53
D Hören: Alltagssprache 53
E Grammatik 54
Finale: Fertigkeitentraining 56
Lernwortschatz 58
Das kann ich jetzt ... 59

Lektion **6** 60
Warum lernen ...?

A Text 60
B Wortschatz 60
C Grammatik 61
D Hören: Alltagssprache 65
E Grammatik 66
Aussprache 67
Finale: Fertigkeitentraining 68
Lernwortschatz 70
Das kann ich jetzt ... 71

Lektion **7** 72
Brauchen Sie Hilfe?

A Text 72
B Wortschatz 72
C Grammatik 74
Aussprache 76
D Hören: Alltagssprache 77
E Grammatik 77
Finale: Fertigkeitentraining 80
Lernwortschatz 82
Das kann ich jetzt ... 83

Lektion **8** 84
Der Krimi fängt gleich an!

A Text 84
B Wortschatz und Grammatik 84
C Grammatik 85
D Hören: Alltagssprache 88
E Grammatik 89
Aussprache 91
Finale: Fertigkeitentraining 92
Lernwortschatz 94
Das kann ich jetzt ... 95

Test: Modul 2 96

Modul 3

Lektion 9 — 98
Wo ist das nur?

- A Text — 98
- B Grammatik — 98
- C Wortschatz und Grammatik — 100
- D Hören: Alltagssprache — 101
- E Grammatik — 102
- Aussprache — 105
- Finale: Fertigkeitentraining — 106
- Lernwortschatz — 108
- Das kann ich jetzt ... — 109

Lektion 10 — 110
Glaubst du das?

- A Text — 110
- B Wortschatz — 110
- C Wortschatz und Grammatik — 111
- Aussprache — 114
- D Hören: Alltagssprache — 114
- E Wortschatz und Grammatik — 116
- Finale: Fertigkeitentraining — 120
- Lernwortschatz — 122
- Das kann ich jetzt ... — 123

Lektion 11 — 124
Wer hat das gemacht?

- A Text — 124
- B Grammatik — 124
- C Wortschatz und Grammatik — 128
- D Hören: Alltagssprache — 130
- E Grammatik — 131
- Aussprache — 134
- Finale: Fertigkeitentraining — 134
- Lernwortschatz — 136
- Das kann ich jetzt ... — 137

Lektion 12 — 138
Das ist seltsam ...

- A Text — 138
- B Wortschatz — 138
- C Grammatik — 140
- D Hören: Alltagssprache — 143
- E Grammatik — 144
- Aussprache — 145
- Finale: Fertigkeitentraining — 146
- Lernwortschatz — 148
- Das kann ich jetzt ... — 149

Test: Modul 3 — 150

Lösungen zu den Modul-Tests — 152

Quellenverzeichnis — 152

A1 Nach dieser Aufgabe im Kursbuch kannst du die Übung lösen.

→ KB S. 12 Beim Lösen dieser Übungen hilft dir der Text auf der angegebenen Kursbuchseite weiter.

23 Hörtext auf der CD zum Arbeitsbuch

Hier geht es um die Lesetexte aus den Kursbuch-Lektionen.

Übungen zum Wortschatz der Kursbuch-Lektionen

Übungen zur Grammatik

Hier kannst du die alltagssprachlichen Wendungen der Kursbuch-Hörtexte üben.

Diese Übungen helfen dir, die deutsche Aussprache zu trainieren.

zusätzliches Fertigkeitentraining zu Hören, Lesen und Schreiben

Hier kannst du die wichtigen Wörter der Lektion üben und in deine Muttersprache übersetzen.

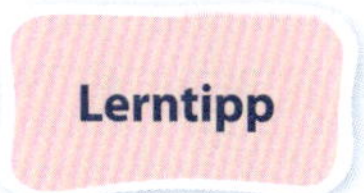

Hier findest du nützliche Hinweise zum Selbstlernen.

Lernstrategie-Tipps für die Fertigkeiten Hören, Lesen und Schreiben

Wie heißt du?

1 **1 Was weißt du noch? Wer ist wer? Ordne zu und vergleiche.** → KB S. 7

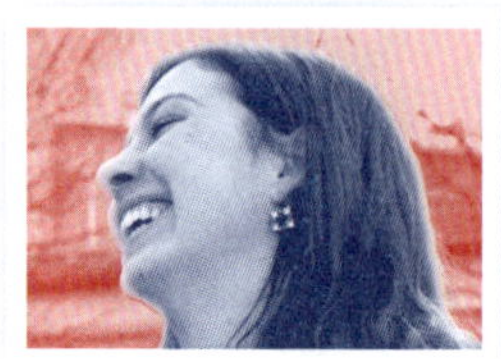

- Karol
- Julia
- María
- Sven

....

2 **2 Lies und ergänze.**

- du - heiße - das - ~~ich~~ - Sven - bin

⊙ Hallo, *ich* bin .... Wie heißt .... ?

◆ Ich .... Julia, und .... ist María.

☐ Hallo, ich .... Karol.

3 **3 Ordne zu.**

a	Woher kommst du, Karol?	1	Ich komme aus Polen.
b	Woher kommst du, Sven?	2	Wir kommen aus Spanien.
c	Und woher kommt ihr, Julia und María?	3	Ich komme aus Schweden.

4 **4 Mach zwei Dialoge.**

a

⊙ du – heißt – Wie | ⊙ .... ?

◆ Frida, – Ich – heiße – du – und | ◆ .... ?

⊙ heiße – Ich – Mateusz | ⊙ ....

◆ du – Woher – kommst | ◆ .... ?

⊙ aus – komme – Ich – und – du – Polen, | ⊙ .... ?

◆ aus – Ich – Schweden – komme | ◆ ....

b

⊙ du – bin – ich – Hallo, – Wie – Lukas – heißt | ⊙ .... ?

◆ Ich – Lucía – bin – Álvaro – Und – ist – das | ◆ ....

⊙ ihr – Woher – kommt | ⊙ .... ?

◆ Spanien, – Wir – kommen – du – aus – und | ◆ .... ?

⊙ komme – Ich – Deutschland – aus | ⊙ ....

Wichtige Wendungen

Kontaktaufnahme: sich / jemanden vorstellen

Hallo!	Ich heiße ...	Ich komme aus ...	Woher kommt ihr?
Wie heißt du?	Das ist ...	Woher kommst du?	Wir kommen aus ...

Ja, klar! Das weiß ich.

Text

A2 **1 Ordne die Zahlen.**

zehnviersechs~~eins~~dreielffünf~~zwei~~siebenzwölfachtneun

1 eins, 2 zwei, 3 ....

A3 **2 Wie heißt das Land? Notiere.**

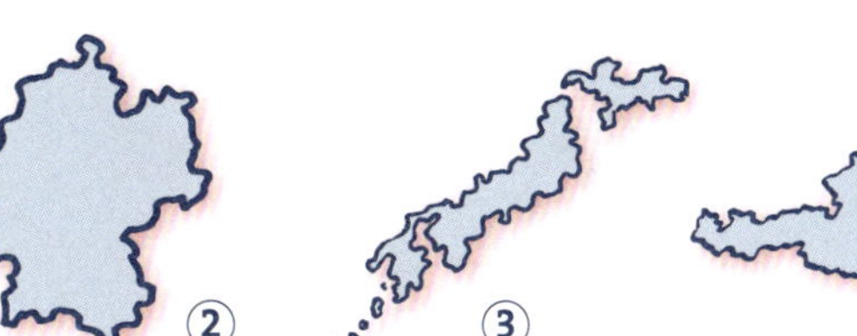
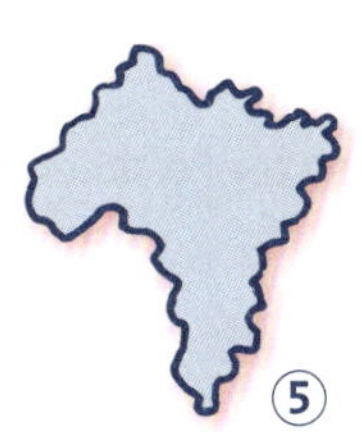

eins ....
....
....
....
....
sechs ....

A3 **3 Wie heißt die Zahl? Notiere.**

a zwei + zwei = *vier*
b fünf + sieben = ...
c sechs – vier = ...
d acht + drei = ...
e neun – zwei = ...
f zehn – fünf = ...
g eins + sieben = ...
h zwölf – sieben = ...

Wortschatz und Grammatik

Ländernamen

B2 **4 Woher kommen die Briefmarken?** → KB S. 10

a *Die Briefmarke kommt aus Deutschland.*
b ....
c ....
d ....
e ....
f ....

B2 **5** **Schreib drei Dialoge.**

a ⊙ Hallo, ich bin Saki.
◆ ....
b ⊙ Woher ....
◆ ....
c ⊙ ....
◆ ....
⊙ ....

- Ich komme aus den USA.
- Wir kommen aus Schweden, und ihr?
- ~~Hallo, ich bin Saki.~~
- Woher kommst du, Michael?
- Hallo, ich heiße Sabine, und das ist Lukas.
- Wir kommen aus der Schweiz.
- Woher kommt ihr?

B2 **6** **Woher kommen die Personen? Notiere.**

a Das ist ....
Er kommt aus ....
b ....
....
c ....
....
d ....
....

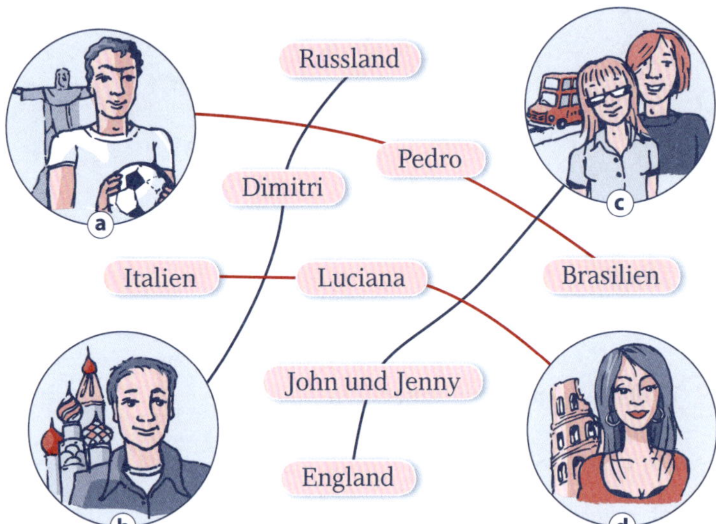

B2 **7** **Was passt? Unterstreiche die richtige Form und ordne zu.**

a Woher kommt | kommst | kommen du?
b Woher kommt | kommen | kommst ihr?
c Wie heiße | heißt | heißen du?
d Wer ist | bin das?

1 Ich heiße | heißt | heißen Juan.
2 Das ist | bin Sven.
3 Wir kommen | kommt | komme aus Deutschland.
4 Ich komme | kommst | kommt aus Österreich.

B2 **8** **Ergänze die richtigen Formen.**

	kommen	heißen
ich		
du	kommst	
Karol = er		heißt
Julia = sie		
wir		
ihr		
Maria und Julia = sie		

Aussprache

Ländernamen

B2 **9** Hör zu, sprich nach und ordne die Ländernamen. Wo sind betonte ▬ und unbetonte ● Silben?

✪ ~~Deutschland~~ ✪ Österreich ✪ Schweiz ✪ ~~Italien~~ ✪ ~~Polen~~ ✪
✪ Brasilien ✪ Kanada ✪ Sudan ✪ Japan ✪ Russland ✪ China ✪

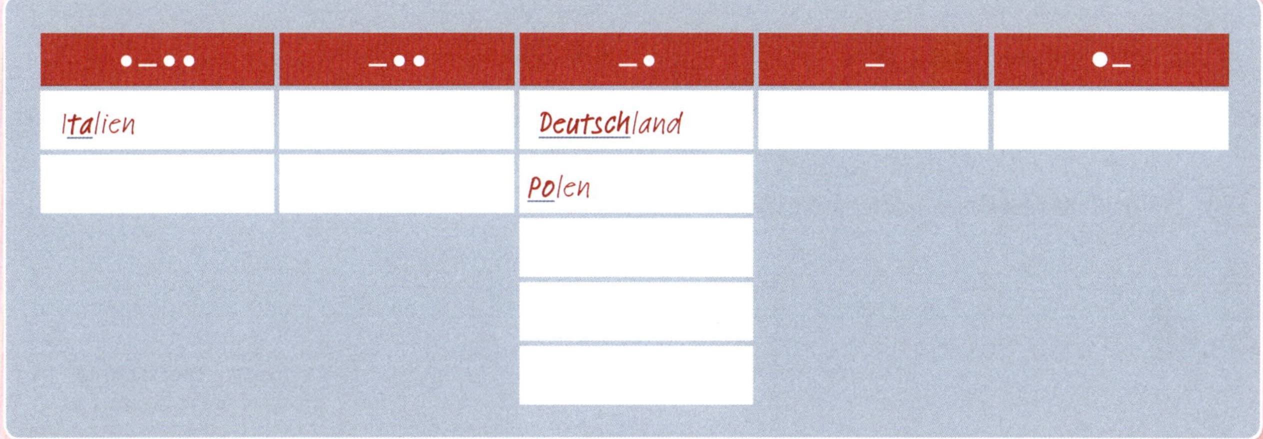

●▬●●	▬●●	▬●	▬	●▬
Italien		Deutschland		
		Polen		

B2 **10** Hör zu, sprich nach und ordne die Wörter.

✪ Deutschland ✪ neun ✪ aus ✪ ~~Schweiz~~ ✪ eins ✪ Österreich ✪ fünf ✪
✪ ergänze ✪ zwölf ✪ Australien ✪ drei ✪ Deutsch ✪ Länder ✪ heißen ✪ zwei ✪

ei	Schweiz,
eu	
au	
ä	
ö	
ü	

C Wortschatz und Grammatik

Internationale Wörter, definiter und indefiniter Artikel

C1 **11 Hör zu und schreib die Wörter.** → KB S. 14 4

a Gitarre, die Gitarre
b ……
c ……
d ……
e ……
f ……
g ……
h ……
i ……
j ……

C2 **12 Wie heißt das auf Deutsch? Schreib die Wörter.**

a Brücke, die Brücke
b ……
c ……
d ……
e ……
f ……
g ……
h ……

Lerntipp – Wortschatz
Schreib die Nomen immer mit dem Genuspunkt • oder dem Artikel (*der, das, die*) in dein Vokabelheft.
der Computer
das Radio
die Gitarre

C3 **13 Was ist das? Schreib Antworten.**

⊙ Was ist das?

a
◆ Ich denke, das ist ein ……

b
◆ ……

c
◆ ……

d
◆ ……

e
◆ ……

f
◆ ……

D Hören: Alltagssprache

D1 **14** **Was weißt du noch? Ordne zu und ergänze die Namen.**  → KB S. 15

- Thomas
- Jasmin
- Lehrerin

a	*Thomas:*	Tut mir ...	... das nicht.
b		Ich verstehe ...	... leid.
c		Das ist ...	... man Tangente?
d		Wie schreibt ...	... steht es.
e		Schau, da ...	... ich nicht.
f		Das weiß ...	... richtig.

D1 **15** **Ergänze die Dialoge.**

wie schreibt man · Das ist richtig. · ~~Tut mir leid,~~ · das geht so · da steht es · ich verstehe das nicht

a
Lehrer: Julia, was heißt „bridge" auf Deutsch?
Julia: *Tut mir leid,* das weiß ich nicht.
Thomas: „Bridge" heißt „Brücke".
Lehrer: .... Sehr gut, Thomas.

b
Julia: Thomas, ... Pyramide?
Thomas: Pe-Ypsilon ... Schau, ...
Julia: „Ein" oder „eine" Pyramide?
Thomas, ...
Thomas: Schau, ...

E Grammatik

Wie schreibt man das? Negation

E1 **16** **Hör zu und schreib die Namen.**   5-8

a *S* ....
b ....
c ....
d ....

E2 **17** **Schreib die Sätze richtig.**

a Die Briefmarke kommt aus Japan.
*Nein, die Briefmarke kommt **nicht** aus Japan. Sie kommt aus China.*

b Arnold Schwarzenegger kommt aus den USA.
....

c Heidi Klum kommt aus der Schweiz.
....

d Albert Einstein kommt aus den USA.
....

e Bono, David, Larry, und Adam (U2) kommen aus England.
....

E3 (18) **Schreib zwei Dialoge.**

a wasistdasdasisteinepyramideundwieschreibtmandasschaudastehtes

b weristdasichdenkedasistbillgatesundwoherkommterichdenkebillgateskommtausdenusa

a ⊙ ......

◆ ......

⊙ ......

◆ ......

b ⊙ ......

◆ ......

⊙ ......

◆ ......

Finale: Fertigkeitentraining

(19) **Ordne die Sätze zu.**

- ~~Hör zu und sprich nach.~~
- Lies die Notiz.
- Partnerarbeit: Macht Dialoge.
- Schreib Sätze.
- Hör die Dialoge. Ergänze die Wörter.
- Schau die Fotos an und zeig.

a ......

d ......

b *Hör zu und sprich nach.*
Seite 10 Übung A2b.

e ......

c ......

f ......

(20) **Hör zu und schreib die Seite und die Übung zu den Bildern in Aufgabe 19.**

21 Lies und ordne Fragen und Antworten zu. Ergänze die Namen.

Strategie – Lesen
Lies alle Texte durch.
Was passt sicher zusammen?
Streich diese Texte weg.
Lies die anderen Texte noch einmal genau und ordne zu.

a
HALLO MARKUS,
DIE GOLDEN GATE-BRÜCKE
IST IN: (A) SAN FRANCISCO,
(B) LOS ANGELES.
WAS IST RICHTIG?
ICH WEISS DAS NICHT. KARIN

b
SABINE UND INES, KOMMT
IHR? KARIN

c
HALLO MARKUS
ER KOMM-T, IHR KOMM-T, WIR
KOMM-EN??? ICH VERSTEHE
DAS NICHT. PEDRO

d
HALLO THOMAS, WAS IST DIE
DEUTSCHAUFGABE? KARIN

e
HALLO PETER, WER IST
SVEN JOHANSON???
……………………

f
WIE SCHREIBT MAN
HYPOTHENUSE?
IST DAS RICHTIG? PEDRO

1
ICH KOMM-E, DU KOMM-ST.
ER/SIE KOMM-T, WIR KOMM-EN,
IHR KOMM-T, SIE KOMM-EN. O.K.?
……………………

2
HALLO KARIN, (B) IST FALSCH.
……………………

3
HALLO PEDRO, NEIN, DAS IST
FALSCH. T, NICHT TH. MARKUS

4
HALLO KARIN, NEIN, WIR KOMMEN
NICHT, ……………………
……………………

5
HALLO KARIN, SVEN JOHANSON
IST ENGLISCHLEHRER. ER KOMMT
AUS SCHWEDEN.

6
SEITE 12, ÜBUNG 3 UND 4.
……………………

Lernwortschatz

Nomen

Briefmarke, die, -n
Italien
Deutschland
Österreich
Schweiz, die
Land, das, ¨-er
Ländername, der, -n
Wort, das, ¨-er
Nummer, die, -n
England
Pizza, die, -s
Taxi, das, -s
Fußball, der, ¨-e
Hamburger, der, –
Computer, der, –
Hotel, das, -s
Bus, der, -se
Gitarre, die, -n
Radio, das, -s
Museum, das, Museen
Disco, die, -s
Auto, das, -s
die Lehrerin / der Lehrer
Blume, die, -n
Bild, das, -er
Zug, der, ¨-e
Brücke, die, -n
Stadt, die, ¨-e
Fahrrad, das, ¨-er
Flugzeug, das, -e
Fluss, der, ¨-e
Hund, der, -e
Klavier, das, -e
Schiff, das, -e
Junge, der, -n
Mädchen, das, –
Mathematik, die
Jugendliche, der, -n
Liter, der, –
Herr, der, -en *(Anrede: ohne Artikel)*
Frau, die, -en *(Anrede: ohne Artikel)*
Hausaufgabe, die, -n
Text, der, -e
Handynummer, die, -n
Handy, das, -s
Mathematikhausaufgabe, die, -n
Übung, die, -en
Seite, die, -n
Musik, die (Sg.)

Verben

hören
heißen
denken
sein
kommen
zeigen
fragen
antworten
lesen
wissen
verstehen
stehen
schreiben

Adjektive

international
richtig

Zahlen

eins
zwei
drei
vier
fünf
sechs
sieben
acht
neun
zehn
elf
zwölf

andere Wörter

ja
und
nein
was
woher
wer
aus
wie
ein / eine
nicht
da
es
dann
danke
man

Wichtige Wendungen

Zustimmung
Ja, klar.
Das weiß ich.
Ja, genau.

benennen / identifizieren
Was ist ...?
Woher kommt er / sie?
Er / Sie kommt aus ...
Wer ist das?
... aus den USA
Woher kommen ...?
Wie heißt ... auf Deutsch?

Wissen / Unwissen ausdrücken
Tut mir leid.
Das weiß ich (nicht).
Das ist richtig.
Ich verstehe das nicht.
Schau, da steht es.
sehr gut
Wie schreibt man ...?

Verabschiedung
Tschüs!

Das kann ich jetzt ...

	... gut.	... mit Hilfe.	Das übe ich noch.
1 Wörter			
Ich kann zu den Themen sechs Wörter nennen:			
a Ländernamen: *Deutschland,*	○	○	○
b Internationale Wörter: *Pizza,*	○	○	○
c Ich kann die Zahlen von 1–12.	○	○	○
2 Sprechen			
a Begrüßen und verabschieden: *Hallo. Tschüs.*	○	○	○
b Mich und andere vorstellen: *Ich bin ... Das ist ...*	○	○	○
c Sagen, woher jemand kommt: *Ich komme aus ... Er kommt aus ... Sie kommen aus ...*	○	○	○
d Dinge bezeichnen und fragen, wie etwas auf Deutsch heißt: *Das ist ... Wie heißt ... auf Deutsch?*	○	○	○
e Sagen, dass ich etwas nicht verstehe: *Tut mir leid. Ich verstehe das nicht.*	○	○	○
f Buchstabieren: *Wie schreibt man ...? D-E-U ...*	○	○	○
3 Lesen und Hören			
Die Texte verstehe ich:			
a Tut mir leid. Das weiß ich nicht. → KB S. 15	○	○	○
b Bingo → KB S. 17	○	○	○
c Was ist die Hausaufgabe? → KB S. 17	○	○	○
4 Schreiben			
Eine SMS.	○	○	○

Kennst du Mafalda?

A Text

A1 **1 Was weißt du noch? Ordne zu und vergleiche.** → KB S. 18

✪ Asterix ✪ Donald Duck ✪ Mafalda ✪
✪ Manga ✪ Nick Knatterton ✪ Micky Maus ✪

a .... und .... kommen aus den USA.

b Albert Uderzo zeichnet ....

c .... kommt aus Argentinien.

d .... ist Detektiv.

e .... sind Comics aus Japan.

A1 **2 Was passt? Ordne zu.** → KB S. 18

a	Superman kommt ...	1	... ist Detektiv.
b	Nick Knatterton ...	2	... aus den USA.
c	Manfred Schmidt zeichnet ...	3	... in Japan Manga.
d	Comics heißen ...	4	... aus Argentinien.
e	Quino kommt ...	5	... ist Asterix?
f	Wie alt ...	6	... Nick Knatterton.

B Wortschatz und Grammatik

Zahlen, das Verb *sein*

B1 **3 Schreib die nächsten zwei Zahlen.**

a zehn • dreißig • fünfzig • *siebzig* • ....

b vier • acht • sechzehn • .... • ....

c einundvierzig • zweiundfünfzig • dreiundsechzig • .... • ....

d vierundsiebzig • einundsiebzig • achtundsechzig • .... • ....

e achtundzwanzig • dreiunddreißig • achtunddreißig • .... • ....

B1 **4** **Hör zu. Wie heißt die Zahl?** 10

a ☐ dreizehn ☐ dreißig
b ☐ vierzig ☐ vierzehn
c ☐ siebzehn ☐ siebzig
d ☐ achtzehn ☐ einundachtzig
e ☐ achtundneunzig ☐ neunundachtzig
f ☐ fünfundsechzig ☐ sechsundfünfzig
g ☐ 94 ☐ 49
h ☐ 18 ☐ 88
i ☐ 12 ☐ 20
j ☐ 57 ☐ 75

B1 **5** **Ergänze die Formen von *sein*.**

Peter	ich	Veronika	wir	du	Daniel und Anna	ihr	er	das Auto
ist								

B2 **6** **Ergänze die Formen noch einmal.**

a ⊙ Schau, da kommt Anita.
◆ Wer *ist* Anita?

b ⊙ Was meinst du? Wie alt .... wir?
◆ Ich denke, ihr .... acht Jahre alt.
⊙ Falsch, wir .... sechs!

c ⊙ Hallo, ich .... Mark.
◆ Hallo, ich heiße Sandra und das .... Klaus.

d ⊙ He, wer .... denn das?
◆ Das .... Lukas und Tom.

e ⊙ Du .... Sandra, richtig?
◆ Nein, ich heiße Lena.

B2 **7** **Ergänze die Dialoge.**

15

a
⊙ Wie alt ....?
◆ Ich .... 15.
⊙ Woher ....?
◆ Ich .... Argentinien.

b
⊙ Wie alt ....?
◆ Er .... 76.
⊙ Wie ....?
◆ Er .... Manfred.

c
⊙ Wer ....?
◆ Das .... Lisa.
⊙ Wie alt ....?
◆ Sie .... 5.

d
⊙ Wie alt ....?
◆ Sie .... 96.
⊙ Woher ....?
◆ Sie .... Brasilien.

Kasse 1

e
⊙ Wie alt ....?
◆ Wir .... 16.

C Wortschatz und Grammatik

Gegenstände im Klassenzimmer, Adjektive, Possessivartikel

C1 **8** Wie heißen die Wörter?

✪ ber ✪ gum ✪ schrei ✪ Ku ✪ gel ✪ dier ✪ Blei ✪ ter ✪ stift ✪ Lam ✪ Ra ✪ Fens ✪ pe ✪ Pa ✪ mi ✪ pier ✪

① *Ku*............ ....

....

....

C1 **9** Ordne die Wörter aus Übung 8.

ein		eine
der	das	die
	Fenster, …	
er	es	sie

C2 **10** Wie heißen die Adjektive? Finde das Gegenteil.

a lta: *alt* ↔ ....

b höscn: .... ↔ ....

c eture: .... ↔ ....

d elink: .... ↔ ....

e laschf: .... ↔ ....

Lerntipp – Wortschatz
Schreib Wörter in Gruppen in dein Vokabelheft.
Zum Beispiel Gegensatzpaare

alt – neu
groß – klein
…

oder:

Gegenstände im Klassenzimmer	Aktivitäten im Klassenzimmer
das Buch	*lesen*
der Bleistift	*hören*
…	…

C2 **11** **Schreib Sätze.**

a billig: ....

b alt: ....

c klein: *Der Stuhl ist nicht klein. Er ist groß.*

d schön: ....

C3 **12** **Schreib die Wörter mit Possessivartikel: *mein/meine* oder *dein/deine*.**

✪ ~~Computer (ich)~~ ✪ ~~Gitarre (du)~~ ✪ Heft (ich) ✪ Lampe (du) ✪ Stuhl (du) ✪ Briefmarke (ich) ✪ Buch (ich) ✪ Radiergummi (du) ✪ Hund (ich) ✪ Pizza (du) ✪ Handy (du) ✪

Mein Computer, deine Gitarre, ...

....

....

....

C3 **13** **Ergänze *mein/meine* oder *dein/deine*.**

a ⊙ Wie ist *deine* (du) Handynummer, Philipp?
◆ .... Handynummer? 0160 6272828.

b ⊙ Ich denke, das ist .... (du) Buch, Jasmin.
◆ Nein, das ist nicht .... Buch.

c ⊙ .... (ich) Computer kommt aus Japan, ... Computer auch?
◆ Nein, da steht „Germany".
.... Computer kommt aus Deutschland.

d ⊙ He, das ist .... (ich) Kugelschreiber!
◆ Nein, das ist nicht .... Kugelschreiber.
.... Kugelschreiber ist alt.
Der Kugelschreiber ist neu.

e ⊙ Das ist .... (ich) Fußball.
◆ Ja, ja, das ist .... Fußball.

f ⊙ Carmen, ... (du) Englischlehrerin heißt Miller, richtig?
◆ Nein, Ms. Miller ist nicht .... Englischlehrerin.

D Hören: Alltagssprache

Ein Star in Stuttgart?

D1 **14** **Wer ist dein Star? Ergänze den Steckbrief.**

Steckbrief

Vorname:		Geburtsort:	
Familienname:		Beruf:	
Heimatland:		Familienstand:	
Wohnort:			

D2 **15** **Was weißt du noch? Wer sagt was?** → KB S. 23

✪ Claudia ✪ Markus ✪

a ....: Das ist doch die Schauspielerin ... Warte, wie heißt sie?

b ....: Nicole Kidman? Wo?

c ....: Die kommt doch aus Hollywood. Du kennst sie! „Batman forever".

d ....: Das ist nicht Nicole Kidman.

e ....: Sie ist verheiratet mit ... Wie heißt er?

f ....: Übrigens, Nicole Kidman kommt aus Australien, nicht aus Hollywood.

D2 **16** **Ergänze den Dialog.**

✪ das ist doch ✪ ~~denn nicht~~ ✪ doch ✪ Warte ✪ Die kenne ich

Laura: Schau, Tim! Die Frau kenne ich **a** ....

Tim: Wo? Wer?

Laura: Das ist doch die Lehrerin. **b** ...., wie heißt sie?

Tim: Eine Lehrerin? Wo?

Laura: Na da, **c** .... Frau Müller, die Mathematiklehrerin.

Tim: **d** .... Das ist doch nicht Frau Müller, das ist Frau Schmidt, die Deutschlehrerin. Kennst du sie *denn nicht*?

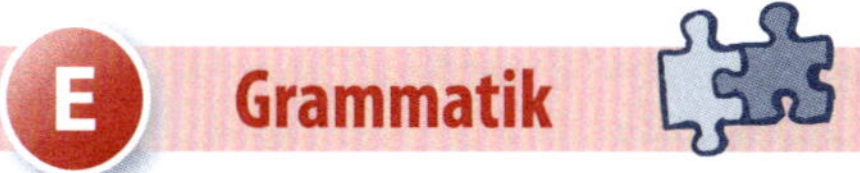

W-Frage, Ja/Nein-Frage

E1 **17 Ordne die Fragen und Antworten zu.**

a	Wo wohnt er?	1	Nein, sie ist ledig.
b	Ist sie verheiratet?	2	In Frankreich.
c	Woher kommt sie?	3	Aus Schweden.
d	Kennst du sie?	4	Nein, sie sind Sportler.
e	Wie ist der Vorname?	5	Ja, das ist Madonna.
f	Sind sie Musiker?	6	Anja.

E1 **18 Schreib Fragen und Antworten. Hör zu, sprich nach und vergleiche.** → KB S. 24 11

~~Schauspielerin~~ • aus den USA • Mangazeichner • Argentinien • Brasilien • Schauspielerin

a Nicole Ist Sängerin Kidman?

....? *Nein, sie ist Schauspielerin.*

b aus England Kommt Leonardo di Caprio?

....? *Nein, ...* ....

c Sophie Marceau Ist Sportlerin?

....? *Nein, ...* ....

d Ist Sportler Osamu Tezuka?

....? *Nein, ...* ....

e Mafalda Kommt aus Frankreich?

....? *Nein, ...* ....

f Kommt aus Spanien Ronaldinho?

....? *Nein, ...* ....

E1 **19** **Ergänze die Fragen.**

✪ was ✪ wie ✪ woher ✪ wer (2 x) ✪ wo ✪

a Ich kenne sie nicht. .... ist sie?

b .... kommst du?

c .... ist der Vorname?

d ⊙ .... ist Montreal?
◆ Das ist in Kanada.

e ⊙ .... ist das Mädchen?
◆ Das ist Eva.

f ⊙ .... ist das?
◆ Ein Radiergummi.

E1 **20** **Aussage oder Frage? Ergänze (.) oder (?). Wer ist die Person?**

⊙ Die Person kommt aus Deutschland ( )
◆ Ist er ein Sportler ( )
⊙ Nein, er ist Musiker ( )
◆ Wie ist der Vorname ( )
⊙ Ludwig ( )
◆ Ludwig Grönemeyer ( )
⊙ Nein, Grönemeyer heißt doch nicht Ludwig ( )
◆ Heißt er .... ( )
⊙ Ja, genau ( )

Aussprache

Frage und Aussagesatz: Satzmelodie

21 **Hör zu und sprich nach. Achte auf die Betonung und die Satzmelodie ↘ ↗** 12

⊙ Woher kommst du? ↘
◆ Aus Schweden. ↘ Und woher kommst du? ↗
⊙ Ich komme aus Frankreich. ↘ Kennst du Sophie Marceau? ↗
◆ Nein, Sophie Marceau kenne ich nicht. ↘ Wer ist das? ↘

22 **Hör zu und markiere die Satzmelodie ↘ ↗ und die Betonung. Sprich nach.** 13

⊙ Hallo, ich heiße Lea. [ ] Wie heißt du? [ ]
◆ Ich heiße Mateusz. [ ]
⊙ Kommst du aus Polen? [ ]
◆ Ja, aus Krakau. [ ]
⊙ Wie alt bist du? [ ]
◆ Ich bin 16. [ ]

Finale: Fertigkeitentraining

23 Hör zu und ergänze das Anmeldeformular.

Anmeldeformular Deutschkurs

Vorname:

Familienname:

Heimatland:

Alter:

Kurs:

Strategie – Lesen
Lies den Text. Lies Anfang und Ende ganz genau:
Wer schreibt den Text?
Wer bekommt den Text?
Wo sind die Personen?
Was ist das Thema?
So verstehst du die Aufgabe besser.

24 Lies die E-Mail von Boris und die Kursliste. Vergleiche und korrigiere.

Nachricht

An ... Viktor

Betreff Sprachkurs

Hallo Viktor,
heute eine E-Mail auf Deutsch: Der Sprachkurs hier ist sehr gut. Die Gruppe ist klein: Ben ist dreiundzwanzig Jahre alt und kommt aus England. Silvia und Giorgio kommen aus Italien. Sie sind fünfzehn. Axel kommt aus Norwegen, er ist sechsundzwanzig. Und dann ist da noch Svetlana aus Russland. Sie ist schon fünfundvierzig. Sie kommt aus Sankt Petersburg und ist Schauspielerin. Du kommst ja auch aus Sankt Petersburg. Kennst Du sie vielleicht? Übrigens, Axel zeichnet sehr gut. Die Deutschlehrerin heißt Frau Schmied. Und ich bin Boris. Ich komme aus Russland. Ich bin sechzehn. Das weißt Du. 😉
Bis bald
Boris

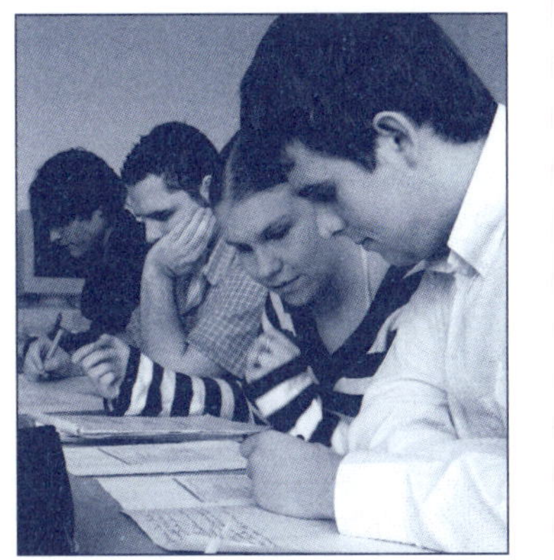

Kurs: A3 Lehrerin: Schmied

Vorname	Heimatland	Alter
Ben	England	32
Silvia	~~Deutschland~~ Italien	15
Giorgio	Italien	16
Axel	Norwegen	26
Svetlana	Polen	50
Boris	USA	16

2

Lernwortschatz

Nomen

Comic, der, -s
Alter, das (Sg.)
Jahr, das, -e
Kugelschreiber, der, –
Buch, das, ¨-er
Bleistift, der, -e
Stuhl, der, ¨-e
Tisch, der, -e
Fenster, das, –
Zeitung, die, -en
Lampe, die, -n
Papier, das, -e
Heft, das, -e
Radiergummi, der, -s
Gegenteil, das (Sg.)
Frage, die, -n
Vorname, der, -n
Familienname, der, -n
Heimatland, das, ¨-er
Beruf, der, -e
Schauspielerin, die, -nen
Kaufhaus, das, ¨-er
Satz, der, ¨-e
Person, die, -en
Mann, der, ¨-er
Schauspieler, der, –
Name, der, -n
Stadtbibliothek, die, -en
Telefonnummer, die, -n
Formular, das, -e
Fehler, der, –
Adresse, die, -n
Hilfe, die (Sg.)

Verben

kennen
meinen
glauben
zeichnen
leben
machen
wohnen
warten
raten
zuhören

Adjektive

sicher
alt
falsch
schwierig
schön
hässlich
groß
klein
neu
teuer
billig
ledig

Zahlen

zwanzig
dreißig
vierzig
fünfzig
sechzig
siebzig
achtzig
neunzig
hundert

dreizehn
vierzehn
fünfzehn
sechzehn
siebzehn
achtzehn
neunzehn

andere Wörter

auch
aber
in
Achtung!
denn
mein / meine
dein / deine
verheiratet
geboren
wo
doch

Wichtige Wendungen

Austausch von Informationen: identifizieren

Wie alt ist ...?
Er/Sie ist ... Jahre alt.
Wie alt sind ...?
Sie sind ... Jahre alt.
Wer bist du?
Wie ist ...?
Was macht er/sie?
Wo ist er/sie geboren?
Wo wohnt er/sie?

Das kann ich jetzt ...

	... gut.	... mit Hilfe.	Das übe ich noch.
1 Wörter			
Ich kann zu den Themen sechs Wörter nennen:			
a Gegenstände im Klassenzimmer: *Buch,*	○	○	○
b Adjektive: *alt,*	○	○	○
c Ich kann die Zahlen von 1–100.	○	○	○
2 Sprechen			
a Nach persönlichen Informationen fragen/ Persönliche Informationen geben: *Wer ...? Wie heißt ...? Wie alt ...? Er ist ... Jahre alt. Ist ... Musiker?*	○	○	○
b Gegenstände beschreiben. *Das Buch ist nicht alt, es ist ...*	○	○	○
c Über berühmte Personen sprechen. *Das ist doch die ... Die Frau kenne ich ... Sie ist verheiratet mit ... Kennst du sie denn nicht?*	○	○	○
3 Lesen und Hören			
Die Texte verstehe ich.			
a Kennst du Mafalda? → KB S. 18	○	○	○
b Steckbrief → KB S. 23	○	○	○
c Ein Star in Stuttgart? → KB S. 23	○	○	○
d Anmeldung in der Stadtbibliothek. → KB S. 25	○	○	○
4 Schreiben			
Ein Anmeldeformular ausfüllen.	○	○	○

Was machst du heute?

Text

Was weißt du noch? Ordne zu.

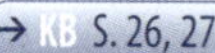
→ KB S. 26, 27

- David
- Sarah und Mary
- Shad
- Jasmin
- ~~Lu Deh~~
- Juan und seine Freunde

a	Lu Deh:	Sie ist ...
b	:	Er spielt ...
c	:	Sie sind blind, aber ...
d	:	Sie tauchen ...
e	:	Er ist ...
f	:	Sie sucht Dinge ...

- ... für ihre Familie.
- ... nach Muscheln.
- ... ein Hip-Hop-Star in den USA.
- ... sehr gut Schach.
- ... sie spielen Fußball.
- ... Tanzlehrerin.

Wortschatz

Wochentage, Aktivitäten

B1 **2 Schreib die Wochentage.**

gtonMa	
nsDieatg	
nnSagto	
tMwitohc	
gritaeF	
notnarDesg	
aSsmgta	

Lerntipp – Wortschatz
So lernst du schwierige Wörter:
Mach kleine Zeichnungen. Schreib den ersten Buchstaben des Wortes unter die Zeichnung. Lies den Zettel möglichst oft.
Zum Beispiel:

B2 **3** **Sieh die Zeichnungen an und schreib Sätze.**

a *Stefanie spielt gern Tennis.*
b *Manuel* ...
c ...
d ...
e ...
f ...
g ...
h ...
i ...
j ...

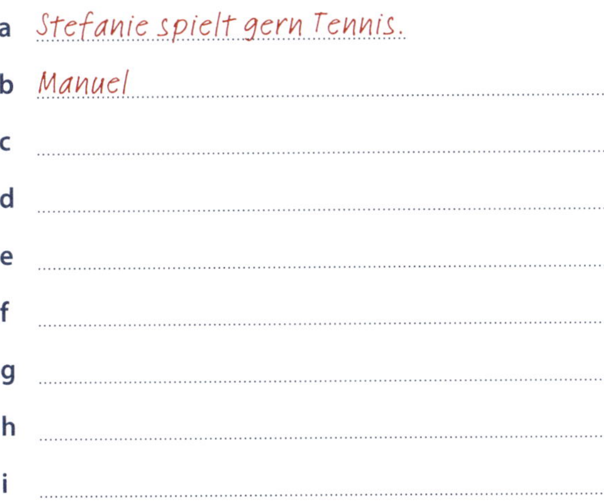

Stefanie

Manuel

Christina
Nicole

Sebastian

Dominik

Sophie

Andrea

Roman

Marco

B3 **4** **Ordne die Wörter zu.**

langweilig ✪ schrecklich ✪ gut ✪ ~~toll~~ ✪ super ✪ okay

☺☺	☺	😐	☹	☹☹
toll!				

B3 **5** **Was ist richtig? Unterstreiche das richtige Wort.**

a ⊙ Magst du Tennis? ◆ Ja, Tennis finde ich langweilig | toll.
b Ich finde Fußball super | schrecklich. Fußball ist so langweilig.
c Die Hausaufgaben sind okay | schrecklich, sie sind nicht schwierig.
d Florian spielt gern Schach. Schach findet er toll | okay.
e ⊙ Hören wir Musik? Shakira? ◆ Ja, Shakira finde ich auch gut | langweilig.
f ⊙ Ich lese gern Asterix. ◆ Ich auch, Asterix finde ich toll | schrecklich.

B3 **6** **Schreib Sätze über Andreas und Sabine.**

	Andreas	Sabine
Musik hören	😊😊	😐
Schwimmen	😐	😊😊
Faulenzen	😊😊	😐
Hausaufgaben machen	☹	😐
Fußball	☹	😊😊
Tennis	😊😊	😊😊

Musik hören findet Andreas super.
Sabine ....

C Grammatik

Wie heißen die Wörter? Possessivartikel

C1 **7** **Bilde neue Wörter.**

~~der Brief~~	die Übung
der Pop	die Figur
die Mathematik	~~die Marke~~
der Comic	die Gruppe
die Familie	die Arbeit
die Heimat	das Land
das Telefon	der Name
der Partner	die Nummer

die Briefmarke

C2 **8** **Ergänze.**

✪ dein ✪ deine ✪ ihr ✪ ihre ✪ sein ✪ seine ✪ mein ✪ meine ✪

	Heimatland	Lieblingsstadt	Lieblingssport	Lieblingszahl
ich	*mein*			
du				
er		*seine*		
sie				

C2 **9** **Fasse zusammen und ergänze deine Lieblingsstadt, deinen Lieblingstag ...**

	María	Cem	ich
Lieblingsstadt	Valencia	Istanbul	
Lieblingstag	Freitag	Samstag	
Lieblingssport	Volleyball	Fußball	
Lieblingsschaupieler(in)	Jennifer López	Johnny Depp	

María: *Ihre Lieblingsstadt ist* ....

....

Cem: *Seine* ....

....

ich: *Meine* ....

....

C2 **10** **Mach Interviews.**

⊙ Wer ist *deine* Lieblingssängerin?

◆ ....

⊙ Was ist .... Lieblingssport?

◆ ....

⊙ Was ist .... Lieblingstanz?

◆ ....

⊙ Was ist .... Lieblingszahl?

◆ ....

Aussprache

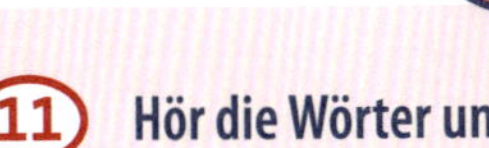

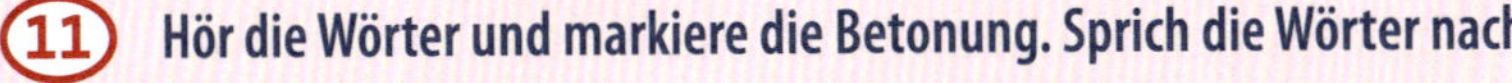

11 **Hör die Wörter und markiere die Betonung. Sprich die Wörter nach.** 15

die Familie und der Name
☐ der Familienname

der Brief und die Marke
☐ die Briefmarke

der Comic und die Figur
☐ die Comicfigur

das Telefon und die Nummer
☐ die Telefonnummer

der Partner und die Arbeit
☐ die Partnerarbeit

die Geburt und der Ort
☐ der Geburtsort

die Welt und die Spitze
☐ die Weltspitze

die Heimat und das Land
☐ das Heimatland

die Mathematik und die Hausaufgabe
☐ die Mathematikhausaufgabe

D Hören: Alltagssprache

Kayas Terminkalender

12 Was weißt du noch? Ordne zu und vergleiche.  → KB S. 31

a Kaya ...	... kommt ein U2 Konzert.
b Im Fernsehen ...	... findet Eminem schrecklich.
c Kaya hat ...	... ein Brad-Pitt-Film.
d Der Mathetest ...	... mag U2.
e Im Kino kommt ...	... ist am Donnerstag.
f Silvia und Maria ...	... finden Fußball langweilig.
g Maria ...	... am Mittwoch Volleyballtraining.

D2 **13** Ergänze die Dialoge.

- Alles klar
- Magst du
- Ja klar
- Ach, schade

Sabine: Hallo Karin. **a** .... Shakira?
Karin: **b** ...., Shakira ist toll.
Sabine: Shakira ist im Fernsehen: Am Dienstag, um 20 Uhr, MTV.
Karin: **c** ...., am Dienstag habe ich keine Zeit.

Maria: Ist heute der Mathematiktest?
Peter: Der Test ist am Dienstag. Ist heute Dienstag?
Maria: Nein, heute ist Montag.
Peter: **d** ...., morgen ist Dienstag. Morgen ist der Test.

- wann denn
- ist schlecht
- geht
- Gut

Jakob: Tom, spielen wir Schach?
Tom: Ja klar, **e** ....?
Jakob: Am Mittwoch.
Tom: Mittwoch **f** ...., aber Donnerstag **g** ....
Jakob: **h** ...., Donnerstag.

E Grammatik

mögen, haben; am, um

E2 **14** **Ergänze.**

✪ ~~habt~~ ✪ mag ✪ hat ✪ hast ✪ habe ✪ mögt ✪ mögen ✪ haben ✪

a ⊙ Wann *habt* ihr das Fußballspiel?
◆ Am Donnerstag.

b ⊙ Hören wir Musik? Eminem?
◆ Nein, bitte nicht. Eminem .... ich nicht.

c ⊙ Kommt Tom heute?
◆ Nein, er .... Klavierstunde.

d ⊙ Kommt ihr heute?
◆ Nein, wir .... Schwimmtraining.

e ⊙ .... du heute Zeit?
◆ Nein, heute .... ich Tanzkurs.

f ⊙ .... ihr Rockmusik?
◆ Nein, wir .... nur Hip-Hop.

E2 **15** **Wann ist was? Antworte auf die Fragen.**

a Ist der Deutschtest am Donnerstag?
Nein, der Deutschtest ist am Mittwoch um 11 Uhr.

b Wann beginnt der Tauchkurs?
....

c Kommt der Spielfilm am Samstag?
....

d Ist am Montag Fußballtraining?
....

e Wann beginnt das Rockkonzert?
....

f Ist der Tanzkurs am Montag?
....

g Wann ist das Basketballspiel?
....

Mo	*16:00 Fußballtraining*
Di	*18:00 Tanzkurs*
Mi	*11:00 Deutschtest*
Do	*19:00 Basketballspiel*
Fr	*20:00 Spielfilm*
Sa	*21:00 Rockkonzert*
So	*14:00 Tauchkurs*

Finale: Fertigkeitentraining

16 **Lies Philipps Terminkalender.**

Montag	Dienstag	Mittwoch	Donnerstag	Freitag	Samstag	Sonntag
Mathematik-test 11:00				Schwimmen 10:00		Lernen (Französisch)
	Fußball 17:00		Leonie ?		Kino 16:00	
Deutsch-hausaufgaben 19:00		Klavier 18:00			Fußball Deutschland – Frankreich (Fernsehen)	

17 **Lies die Fragen und vergleiche mit dem Terminkalender in Übung 16. Richtig oder falsch? Korrigiere die falschen Sätze.**

		richtig	falsch
a	Der Mathematiktest ist am Montag um 11 Uhr.	☐	☐
b	Am Dienstag spielt Philipp Fußball.	☐	☐
c	Am Samstag lernt Philipp Französisch.	☐	☐
d	Am Samstag hat Philipp Schwimmen.	☐	☐
e	Das Fußballspiel ist um 18 Uhr.	☐	☐
f	Am Dienstag macht Philipp Deutschhausaufgaben.	☐	☐
g	Am Mittwoch spielt Philipp Gitarre.	☐	☐
h	Am Samstag kommt Fußball im Kino.	☐	☐

18 Hör den Dialog.
Was hat Leonie am Montag, Dienstag ...? Ergänze.

Montag	
Dienstag	
Mittwoch	*Tanzkurs*
Donnerstag	
Freitag	

Strategie – Hören

Ja oder nein?
Negative und positive Sätze verstehen.

Zum Beispiel:
Was sagt die Person?
Hat sie Zeit oder hat sie keine Zeit?
Hör gut zu. Die Wörter sind wichtig:
nein, kein, nicht, es geht, ja, aber ...

19 Hör noch einmal. Wann hat Leonie Zeit?

....

20 Bring den Dialog in die richtige Reihenfolge.

Und am Samstag? Geht Samstag?

Okay.

Leonie, hast du am Freitag Zeit?

Gut, Samstag um 17:00 Uhr.

Nein, leider. Am Freitag habe ich Tennis.

Samstag geht, da habe ich Zeit.

Philipp: ....

Leonie: ....

Philipp: ....

Leonie: ....

Philipp: ....

Leonie: ....

Lernwortschatz

Nomen

Tag, der, -e ....
Montag, der, -e ....
Wochentag, der, -e ....
Dienstag, der, -e ....
Mittwoch, der, -e ....
Donnerstag, der, -e ....
Freitag, der, -e ....
Samstag, der, -e ....
Sonntag, der, -e ....
Schüler, der, - ....
Schülerin, die, -nen ....
Freund, der, -e ....
Ball, der, ¨-e ....
Geld, das (Sg.) ....
Konzert, das, -e ....
Familie, die, -n ....
Fuß, der, ¨-e ....
Welt, die, -en ....
Müll, der (Sg.) ....
Woche, die, -n ....
der / die / das Lieblings- ....
Lied, das, -er ....
Film, der, -e ....
Klasse, die, -n ....
Partner, der, – ....
Partnerin, die, -nen ....
Gitarrenstunde, die, -n ....
Volleyballtraining, das (Sg.) ....
Fernsehen, das (Sg.) ....
(Mathe)-Test, der, -s ....
Kino, das, -s ....
Geburtstag, der, -e ....
Party, die, -s ....
Fußballspiel, das, -e ....
Mensch, der, -en ....
Basketball, der (Sg.) ....
Gruß, der, ¨-e ....

Verben

tanzen ....
Musik machen ....
Fußball spielen ....
gewinnen ....
üben ....
sehen ....
Musik hören ....
faulenzen ....
Tennis spielen ....
E-Mails schreiben ....
telefonieren ....
Hausaufgaben machen ....
Gitarre spielen ....
Klavier spielen ....
schwimmen ....
reiten ....
finden ....
gehen ....
Zeit haben ....
mögen ....
haben ....
trainieren ....

Adjektive

langweilig ....
schrecklich ....
toll ....
gut ....
super ....
schlecht ....
normal ....
interessant ....
fantastisch ....

andere Wörter

heute ....
im ....
gegen ....
sein / seine ....
nur ....
am ....
ihr / ihre ....
schon ....
für ....
morgen ....
gern ....
oder ....
wann ....
bestimmt ....
schade ....
beide ....
viele ....
einige ....
dort ....
warum ....
wieder ....

Wichtige Wendungen

erzählen, über Vorlieben sprechen
Was machst du heute?
Was machst du gern?
Fußball finde ich langweilig/toll.
Magst du ...?
... mag ich (nicht/überhaupt nicht).

Zustimmung/Ablehnung/ Bedauern signalisieren
Alles klar.
Nein, danke.
Ach, schade.

Verabredung
Hast du Zeit?
Ja, wann denn?
Ja, um ... Uhr.

grüßen
Liebe Grüße!

Das kann ich jetzt ...

	... gut.	... mit Hilfe.	Das übe ich noch.
1 Wörter			
Ich kann zu den Themen sechs Wörter nennen:			
a Wochentage: *Samstag,*	○	○	○
b Aktivitäten: *schwimmen,*	○	○	○
2 Sprechen			
a Über Freizeitaktivitäten und Vorlieben sprechen: *Ich spiele gern Tennis. Schwimmen finde ich ...* *Wer ist dein Lieblingssänger? Magst du ...*	○	○	○
b Gegenstände beschreiben: *Das Buch ist nicht alt, es ist ...*	○	○	○
c Termine ausmachen, mich verabreden: *Hast du am ... um ... Zeit?* *Tut mir leid, am ... habe ich ... Wann ist ...?*	○	○	○
3 Lesen und Hören			
Die Texte verstehe ich:			
a Sechs Tage – sechs Bilder → KB S. 26-27	○	○	○
b Kayas Terminkalender → KB S. 31	○	○	○
c Mädchen boxen nicht! → KB S. 33	○	○	○
4 Schreiben			
Eine E-Mail über meine Woche.	○	○	○

Wie mein Vater, wie meine Mutter …

A Text

A2 **1 Was weißt du noch? Ordne zu und vergleiche.** → KB S. 35

a	Wolfgang Amadeus und Maria Anna (= „Nannerl“) Mozart …	… sind Vater und Tochter.
b	Ferdinand und Ferry Porsche …	… sind Mutter und Tochter.
c	Sigmund und Anna Freud …	… sind Vater und Sohn.
d	Ingrid Bergman und Isabella Rossellini …	… sind Vater und Sohn.
e	Friedrich und Wilhelm Conrad Röntgen …	… sind Bruder und Schwester.

A2 **2 Ergänze die Sätze und vergleiche.** → KB S. 35

- Ferry Porsche
- Sigmund Freud
- ~~Wolfgang Amadeus Mozart~~
- Nannerl
- Humphrey Bogart
- Anna Freud
- Ingrid Bergman
- Conrad Röntgen

a **1772:** *Wolfgang Amadeus Mozart* und ………… spielen in Wien ein Konzert für die Kaiserin von Österreich.

b **1946:** ………… baut in Deutschland Sportwagen.

c **1952:** ………… ist Kinderpsychologin in England.

d **1943:** ………… und ………… sind die Stars im Hollywood-Film „Casablanca“.

e **1905:** ………… ist Arzt und Psychologe.

f **1898:** ………… ist Physiker von Beruf und entdeckt die Röntgenstrahlen.

B Wortschatz

Jahreszahlen

B1 **3 Ordne die Bilder auf der Zeitleiste.**

A 

B 

C 

D 

E 

F 

100 v. Chr. | *C* 0 | 1900 | 2000 |

B1 **4 Was passt? Schreib die Jahreszahlen und ordne die Bilder aus 3 zu.**

- ☐ 1965 *neunzehnhundertfünfundsechzig*
- ☐ 1804 …………
- ☐ 1492 …………
- ☐ 1969 …………
- ☐ 46 v. Chr. …………
- ☐ 2006 …………

B1 **5** **Hör zu und vergleiche mit Übung 4.** 17

B1 **6** **„Und der Oscar geht an …" Hör zu und notiere die Zahl der Oscars und die Jahreszahlen.** 18

	Oscars	Jahr		Oscars	Jahr
a Ben Hur	11	1959	e Amadeus	....	....
b Titanic	....	....	f Schindlers Liste	....	....
c Herr der Ringe	....	....	g Casablanca	....	....
d West Side Story	....	....	h Rain Man	....	....

Berufe, Familie

B3 **7** **Finde die Berufe.**
Schreib auch die weibliche Form.

a ....
b ....
c Studentin
d ....
e ....
f ....
g ....
h ....

B3 **8** **Ergänze die Possessivartikel.**

a Marcel ist Arzt von Beruf. .... Vater ist auch Arzt, aber .... Mutter ist Hausfrau.
b Frau Kuhn ist Hausfrau von Beruf. .... Tochter Erika ist Angestellte.
c Herr Berger ist Lehrer von Beruf. .... Mutter ist auch Lehrerin, aber .... Vater ist Kaufmann.
d Frau Müller ist Journalistin von Beruf. .... Tochter ist Studentin.
e Herr und Frau Schmied sind Techniker von Beruf. .... Sohn ist Arzt.
f Meine Tante und mein Onkel sind Angestellte. .... Tochter ist Künstlerin.

B3 **9** **Schau den Familienstammbaum an und ergänze die Sätze.**

Georg – Helga
Wilhelm – Waltraud; Manfred – Erika
Jakob, Martina; Katharina, Manuel

a **Manuel:** „Meine *Schwester* heißt .... Sie ist fünf Jahre alt. Meine .... heißen Erika und Manfred. Mein .... heißt Georg und meine .... heißt Helga."

b **Manfred:** „Meine .... heißt Waltraud und meine Frau heißt Erika. Wir haben zwei Kinder. Mein .... Manuel ist 14 Jahre alt. Meine .... Katharina ist fünf."

c **Martina:** „Mein .... heißt Manuel und meine .... heißt Katharina. Mein .... heißt Jakob. Mein .... heißt Manfred und meine .... heißt Erika. Meine .... heißen Georg und Helga."

C Grammatik

Genitiv, Plural

C1 **10** **Schau den Familienstammbaum in Übung 9 noch einmal an und ergänze die Sätze.**

a *Waltrauds* Vater heißt Georg.
b Waltraud ist .... Tante.
c Jakob ist .... Cousin.
d .... Eltern sind .... Großeltern.
e Wilhelm ist .... und .... Vater.
f Waltraud ist .... Schwester.
g Jakob ist .... Bruder.
h Manuel und Katharina sind .... und .... Kinder.

C1 **11** **Beschreibe die Familientraditionen.**

a Schriftsteller – Thomas Mann – Heinrich Mann (Bruder)
Thomas Mann ist Heinrich Manns Bruder. Er ist Schriftsteller wie sein Bruder Heinrich.

b Politiker – Hillary Clinton – Bill Clinton (Mann)
Hillary Clinton ist Bill Clintons Frau. Sie ist Politikerin wie ihr Mann Bill.

c Fußballer – Oliver Kahn – Rolf Kahn (Vater)
....

d Musiker – Janet Jackson – Michael Jackson (Bruder)
....

e Formel 1-Rennfahrer – Ralf Schumacher – Michael Schumacher (Bruder)
....

f Schauspieler – Michael Douglas – Kirk Douglas (Vater)
....

C2 12 Lies den Text. Unterstreiche die richtigen Formen.

Meine Familie ist sehr groß. Mein Vater hat drei **a** Bruder | Brüder und meine Mutter hat eine **b** Schwester | Schwestern und zwei **c** Brüder | Bruder. Das heißt, ich habe fünf Onkel und eine **d** Tante | Tanten. Drei Onkel **e** sind | ist verheiratet, das heißt ich habe noch drei **f** Tante | Tanten. Und natürlich habe ich viele **g** Cousins | Cousin und **h** Cousinen | Cousine. Meine zwei **i** Großväter | Großvater **j** leben | lebt auch in Frankfurt, aber ich habe nur noch eine **k** Großmutter | Großmütter. Natürlich habe ich auch Geschwister: Mein **l** Bruder | Brüder Florian **m** ist | sind 12 Jahre alt und meine zwei **n** Schwestern | Schwester **o** ist | sind 16 und 18 Jahre alt.

C2 13 Trag die Singular- und Pluralformen aus Übung 12 ein.

Singular		Plural	
Bruder	ist	....	sind
....	....	....	....
....	....	....	....
....	....	....	....

C4 14 Schau genau. Finde und ordne die Plural- und Singularformen.

Singular	Plural
Architekt	Architekten
....	....
....	....
....	....
....	....
....	....
....	....
....	....

~~Architekt~~ ✪ Psychologen ✪ Kauffrauen ✪ Hausmann ✪ Künstler ✪ Arzt ✪ Journalist ✪ Hausfrau ✪ Anwälte ✪ Lehrerinnen ✪ Studenten ✪ Ärzte ✪ Ingenieur ✪ Hausmänner ✪ Kauffrau ✪ Student ✪ Ingenieure ✪ Künstlerin ✪ Künstlerinnen ✪ Psychologe ✪ ~~Architekten~~ ✪ Journalisten ✪ Lehrerin ✪ Anwalt ✪ Künstler ✪ Hausfrauen

Lerntipp – Wortschatz
Schreib die Nomen immer mit dem Pluralsignal in dein Vokabelheft.
Sohn (¨e)   Student (-en)

C4 15 Trag die Wörter aus Übung 12 und 14 in die Tabelle ein:

-(e)n	-e/¨e	-er/¨er	–/¨	-s
....	....	....	Bruder – Brüder	....
....	....	....	....	....
....	....	....	....	....
....	....	....	....	....

C4 **16** ***Dein/deine, mein/meine, sein/seine, ihr/ihre.***
Ergänze die Dialoge.

meine deine seine ihre	+ feminin (Schwester, ...) oder + Plural (Schwestern, Brüder, ...)

Christian (17), Christine (19), Julian (14) und Julia (16) sind Geschwister.

Lukas:	Christian, wie alt sind .... Schwestern?
Christian:	.... Schwestern sind .... und .... Jahre alt. .... Schwester Julia ist .... Jahre alt und Christine ist ....

Veronika:	Christine, wie alt sind .... Brüder?
Christine:	.... Brüder sind .... und .... Jahre alt. .... Bruder Christian ist .... und Julian ist ....

Lukas:	Wie alt sind Christines Brüder?
Veronika:	Ihre ....

Veronika:	Wie alt sind Christians Schwestern?
Lukas:	Seine ....

C4 **17** **Lies die Tabelle und ergänze die Sätze.**

	Geschwister
Adrian	Patrick (Hamburg), Tobias (Hannover)
Sonja	Hannah (18), Teresa (12), Manuel (6)
Sabrina und Manuel	Stefanie (Studentin, München)
Ninas Mutter	Julia (Lehrerin), Anna (Lehrerin)
Nicole	Alexander (Fußball), Philipp (Fußball), Basketball ☹

a Adrian hat zwei Brüder. *Seine* Brüder heißen .... und .... Bruder Patrick wohnt ...., ... Bruder .... in ....

b Nicole spielt Basketball. .... Brüder finden .... Sie spielen ....

c Sabrina und Manuel wohnen in Berlin. .... Schwester wohnt .... und ist .... von Beruf.

d Sonja hat drei Geschwister. .... Schwestern sind .... und .... Jahre alt, ... Bruder ist ....

e Ninas Mutter ist Kauffrau von Beruf. .... Schwestern sind ....

D Hören: Alltagssprache

D2 **18** **Was weißt du noch? Kreuze an: Richtig oder falsch?** → KB S. 39

	richtig	falsch
a Nina zeigt Sophie ihre Familienfotos.	☐	☐
b Sophies Bruder ist 24 Jahre alt.	☐	☐
c Sophies Mutter ist 34 Jahre alt.	☐	☐
d Sophies Vater kommt aus Rumänien.	☐	☐
e Sophies Hund heißt Bello.	☐	☐

D2 **19** **Was passt? Ordne zu und ergänze dann die Dialoge.**

~~Wie ...~~	... ist das
Wer ...	... ganz sicher.
Na ...	... alt ist denn
Wieder ...	... gut,
Wie ...	... ~~geht's?~~
Ich bin ...	... falsch

Nina: Hallo, Jasmin. **a** *Wie geht's?*

Jasmin: Danke gut. Schau, das ist meine Familie.

b ....? Rate doch mal.

Nina: Ich denke, das ist dein Onkel.

Jasmin: Mein Onkel? Nein, das ist mein Bruder.

Nina: **c** .... dein Bruder?

Jasmin: Er ist 24.

Nina: **d** ...., ich rate noch einmal.

e ...., das ist deine Tante.

Jasmin: **f** .... Das ist meine Mutter.

Aussprache

20 **Was hörst du? Hör zu und kreuze an.** 19

a	☐ Bruder ☐ Brüder	d	☐ Mutter ☐ Mütter	g	☐ Schule ☐ Schüler
b	☐ Tochter ☐ Töchter	e	☐ Zahlen ☐ zählen	h	☐ Sohn ☐ Söhne
c	☐ Vater ☐ Väter	f	☐ Arzt ☐ Ärzte	i	☐ Tanz ☐ Tänze

21 **Ergänze u, o, a oder ü, ö, ä.**

a u oder ü

f...nf	B...ch
St...hl	B...cher
St...hle	tsch...s
f...nfzig	h...ndert
	...b...ng

b o oder ö

h...ren	W...rt
...ma	W...rter
zw...lf	W...hn...rt
F...t...s	M...ntag
sch...n	m...gen

c a oder ä

h...sslich	t...nzen
M...dchen	Sekret...rin
J...hr	...nw...ltin
Z...hlen	...nw...lt
St...r	

22 **Hör zu, vergleiche und sprich nach.** 

4

E Grammatik

Negativartikel *(kein, keine)*, Negation *(nicht)*

E1 **23 Was fehlt? Schreib Sätze.**

a Stuhl – Tisch – Fenster

Da sind ein Stuhl und ein Fenster, aber da ist kein Tisch.

b Bleistift – Heft – Lampe

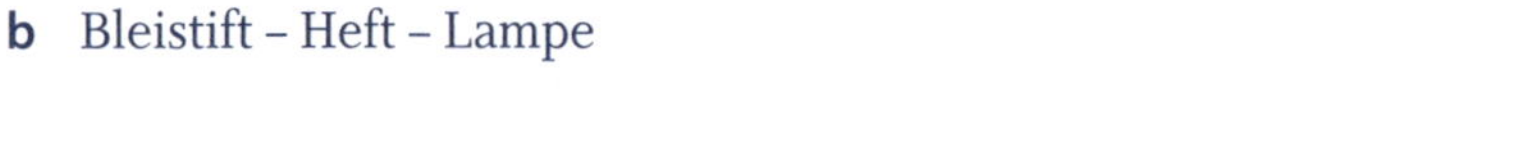

c Bus – Flugzeug – Fahrrad

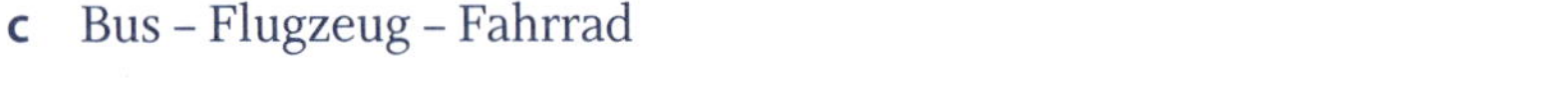

d Fisch – Blume – Brücke

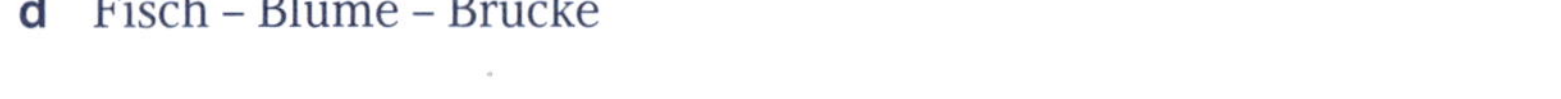

E2 **24 *Kein* oder *nicht*? Schreib negative oder positive Sätze.**

Fahrrad – billig

Das Fahrrad ist nicht billig,
es ist teuer.

er – Sänger

....

sie – aus Deutschland

....

sie – acht Jahre alt

....

E2 **25 Finde die 6 Fehler und korrigiere. Schreib dann die Texte richtig.**

Martin
16 Jahre
Wien
Fußball ☹
Schwester:
Sabine (Journalistin)

Sandra

Martin kommt aus Österreich. Er ist ~~17~~ *16* Jahre alt. Seine Schwester heißt Sabine und ist Lehrerin. Martin findet Fußball toll.

Martin ist nicht
Seine Schwester
Er findet

Sandra kommt aus der Schweiz. Sie ist 15 Jahre alt. Ihr Bruder heißt Lukas und ist 19 Jahre alt. Sandra findet Tennis langweilig.

Sandra kommt

Finale: Fertigkeitentraining

26 Hör zu. Richtig oder falsch? Korrigiere die falschen Sätze.

Strategie – Hören
Schau vor dem Hören das Bild gut an und lies die Höraufgabe ganz genau durch. So verstehst du den Hörtext besser.
Zum Beispiel:
1. Sieh zuerst das Foto an. Was ist die Situation?
2. Lies dann die Sätze.
3. Rate. Wer ist Sandra? Wer ist Robert? Wer ist Lea?
4. Hör jetzt den Text.

		richtig	falsch	
a	Sandra hat eine Schwester.	☐	☒	*Sandra hat keine Schwester, sie hat* ....
b	Robert ist 14 Jahre alt.	☐	☐	....
c	Sandra hört gern Musik.	☐	☐	....
d	Sandras Lieblingssänger ist Robbie Williams.	☐	☐	....
e	Sandra spielt gern Fußball.	☐	☐	....
f	Sandra und Lea spielen Tennis.	☐	☐	....

27 Löse Fabians Familienrätsel. Nur fünf Wörter passen!

✪ Mutter ✪ Onkel ✪ Bruder ✪ Tante ✪ Vater ✪ Schwester ✪ Cousin ✪

a Mein .... Andreas lebt in Hamburg. Er ist Kaufmann. Er ist Herberts Bruder. Seine Lieblingstiere sind Katzen. Er hat 24 Katzen!

b Meine .... ist Sekretärin von Beruf. Sie ist 37 Jahre alt und heißt Susanne. Ich bin ihr Sohn.

c Mein .... ist 10 Jahre alt. Er heißt Florian. Sein Lieblingssport ist Eishockey. Johanna ist seine Mutter.

d Mein .... ist vierzig Jahre alt. Er ist Ingenieur und heißt Herbert. Er mag Fußball. Susanne ist seine Frau.

e Meine .... lebt auch in Hamburg. Sie ist Hausfrau. Sie ist 40 Jahre alt, aber sie mag Robbie Williams! Sie heißt Johanna und ist Andreas' Frau.

28 Schreib ein Familienrätsel.

✪ Bruder ✪ Schwester ✪ Vater ✪ Onkel ✪ Mutter ✪ Tante ✪ Cousin ✪

Mein/Meine XXXX heißt XXXX. Sie/Er ist XXXX Jahre alt.

Sie/Er ist XXXX von Beruf. Sein/Ihr LieblingsXXXX ist XXXX.

Er/sie ist XXXX Bruder/Schwester XXXX.

Lernwortschatz

Nomen

Vater, der, ¨ ....
Mutter, die, ¨ ....
Sohn, der, ¨e ....
Tochter, die, ¨ ....
Bruder, der, ¨ ....
Schwester, die, -n ....
der Arzt / ....
die Ärztin ....
der Ingenieur / ....
die Ingenieurin ....
der Kaufmann / ....
die Kauffrau ....
der Architekt / ....
die Architektin ....
der Student / ....
die Studentin ....
der Hausmann / ....
die Hausfrau ....
der Techniker / ....
die Technikerin ....
der Künstler / ....
die Künstlerin ....
Großvater, der, ¨ ....
Großmutter, die, ¨ ....
Onkel, der, – ....
Tante, die, -n ....
Cousin, der, -s / ....
Cousine, die, -n ....
Eltern, die (Pl.) ....
Großeltern, die (Pl.) ....
Angestellte, der / die, -n ....
der Journalist / ....
die Journalistin ....
Kind, das, -er ....
Geschwister, die (Pl.) ....
CD, die, -s ....
Familienfoto, das, -s ....
Katze, die, -n ....
Motorrad, das, ¨er ....
Zirkus, der (Sg.) ....
Prozent, das, -e ....
Tourist, der, -en ....

Verben

bedeuten ....
heiraten ....
arbeiten ....

Adjektive

geschieden ....
süß ....
nett ....
....

andere Wörter

von ....
tausend ....
sondern ....
kein / keine ....
sogar ....

Wichtige Wendungen

über die eigene Familie sprechen

Mein Großvater ist Arzt.
Wie alt ist denn dein Bruder?
Mein Bruder ist …
Hast du Geschwister?

Vermutungen anstellen

Ich denke, das ist Sophies Bruder.
Ich bin ganz sicher.

Alltagssprache

Wie geht's?
Na gut.

Das kann ich jetzt ...

	... gut.	... mit Hilfe.	Das übe ich noch.

1 Wörter

Ich kann zu diesen Themen sechs Wörter nennen:

	... gut.	... mit Hilfe.	Das übe ich noch.
a Familie: *der Sohn,*	○	○	○
b Berufe: *der Arzt,*	○	○	○
c Jahreszahlen: *achtzehnhundertzwölf,*	○	○	○

2 Sprechen

	... gut.	... mit Hilfe.	Das übe ich noch.
a Über die eigene Familie sprechen: *Das sind meine Eltern. Meine Mutter ist ... von Beruf. Mein Vater ...*	○	○	○
b Widersprechen: *Das ist doch kein ... Das ist nicht ...*	○	○	○

3 Lesen und Hören

Die Texte verstehe ich:

	... gut.	... mit Hilfe.	Das übe ich noch.
a Familie und Berufstraditionen → KB S. 35	○	○	○
b Wie viele Brüder und Schwestern hat Bernd? → KB S. 38	○	○	○
c Familienfotos. Wer ist wer? → KB S. 39	○	○	○
d Circus Krone → KB S. 41	○	○	○

4 Schreiben

	... gut.	... mit Hilfe.	Das übe ich noch.
Einen Text über meine Familie.	○	○	○

Test: Modul 1

Grammatik

1 **Ergänze die Formen von *sein, haben, mögen*.**

✪ bist ✪ habe ✪ sind ✪ magst ✪ ~~bin~~ ✪ mag ✪ hast ✪ haben ✪

a ⊙ Hallo, ich *bin* Christoph. .... du Veronika?
◆ Nein, ich bin Christina.

b ⊙ .... du am Montag Zeit?
◆ Nein, am Montag .... ich Training.

c ⊙ .... du Brad Pitt?
◆ Nein, Brad Pitt .... ich nicht.

d ⊙ Wo .... Peter und Michael?
◆ Sie kommen nicht. Sie .... keine Zeit.

2 **Ergänze die Possessivartikel.**

✪ seine ✪ meine ✪ ihr ✪ ihr ✪ ~~deine~~ ✪ seine

a ⊙ Maria, wie ist *deine* Telefonnummer?
◆ .... Telefonnummer ist 639823.

b ⊙ Ist das Jasmins Hund? ◆ Ja, das ist .... Hund.

c Karins Schwester ist fünf Jahre alt. .... Name ist Michelle.

d Jakob lebt jetzt in Wien, aber .... Schwester wohnt in München.

e Antonios Vater kommt aus Italien, aber .... Mutter ist Deutsche.

3 **Ergänze die Fragewörter.**

✪ Woher ✪ Wann ✪ Wie viele ✪ ~~Was~~ ✪ Wer ✪ Wo ✪ Wie alt ✪

a ⊙ *Was* ist das?
◆ Das ist ein Fußball.

b ⊙ .... ist dein Bruder?
◆ Er ist 14.

c ⊙ .... kommt die Ansichtskarte?
◆ Aus England.

d ⊙ .... Geschwister hast du?
◆ Zwei Schwestern.

e ⊙ .... ist Herr Müller?
◆ Mein Mathematiklehrer.

f ⊙ .... lebt Robbie Williams?
◆ In England.

g ⊙ .... ist der Mathematiktest?
◆ Am Dienstag.

Wortschatz

4 **Wie heißt das Gegenteil? Ordne zu.**

✪ schlecht ✪ alt ✪ teuer ✪ langweilig

a interessant ↔ ....
b gut ↔ ....
c neu ↔ ....
d billig ↔ ....

Punkte

① | 7

② | 5

③ | 6

④ | 4

Punkte

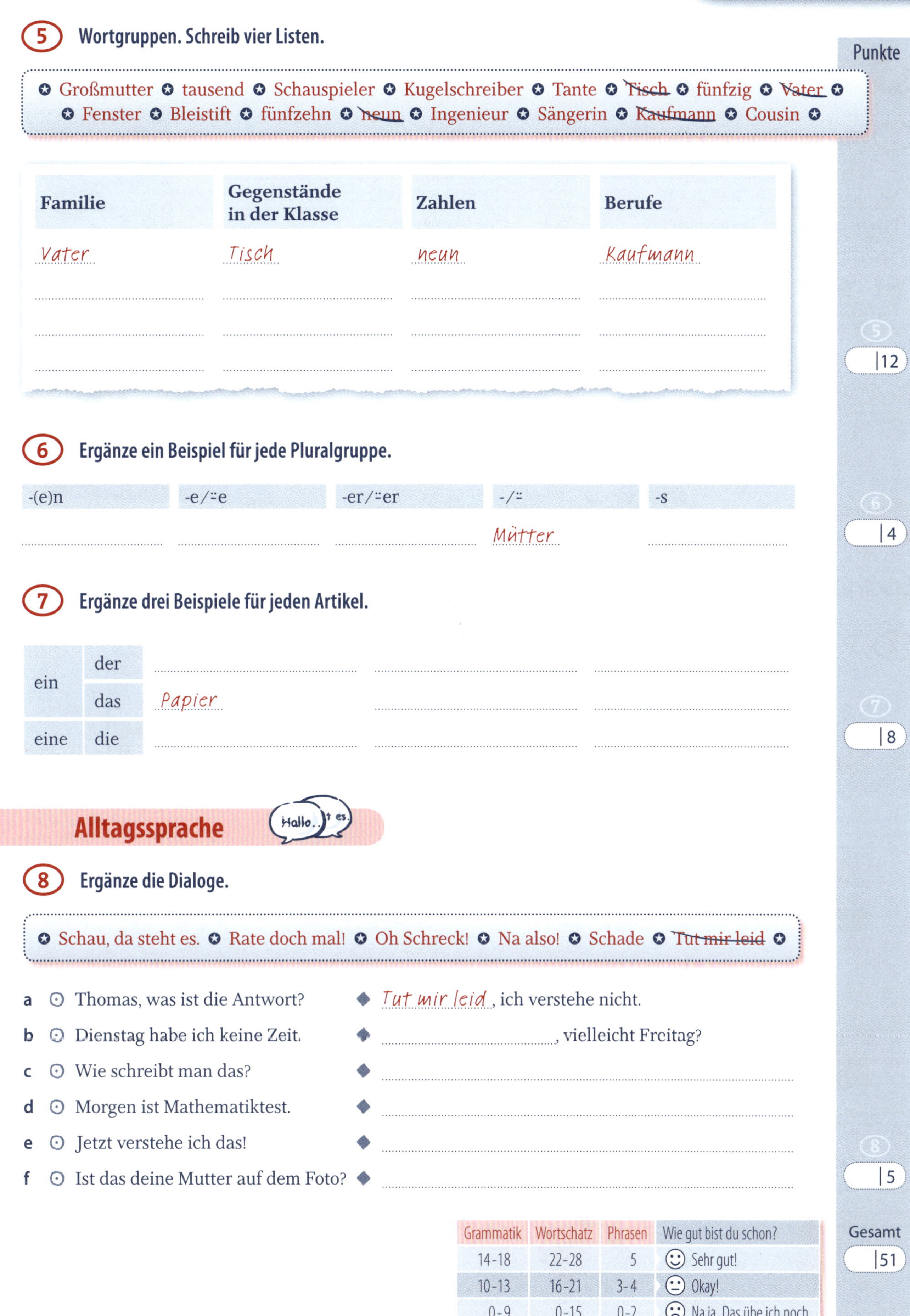

5 Wortgruppen. Schreib vier Listen.

✪ Großmutter ✪ tausend ✪ Schauspieler ✪ Kugelschreiber ✪ Tante ✪ ~~Tisch~~ ✪ fünfzig ✪ ~~Vater~~ ✪ Fenster ✪ Bleistift ✪ fünfzehn ✪ ~~neun~~ ✪ Ingenieur ✪ Sängerin ✪ ~~Kaufmann~~ ✪ Cousin ✪

Familie	Gegenstände in der Klasse	Zahlen	Berufe
Vater	*Tisch*	*neun*	*Kaufmann*
....	....	....	....
....	....	....	....
....	....	....	....

5 | 12

6 Ergänze ein Beispiel für jede Pluralgruppe.

-(e)n	-e/¨-e	-er/¨-er	-/¨	-s
....	....	....	*Mütter*	....

6 | 4

7 Ergänze drei Beispiele für jeden Artikel.

ein	der	....	....	....
	das	*Papier*	....	....
eine	die	....	....	....

7 | 8

Alltagssprache

8 Ergänze die Dialoge.

✪ Schau, da steht es. ✪ Rate doch mal! ✪ Oh Schreck! ✪ Na also! ✪ Schade ✪ ~~Tut mir leid~~ ✪

a ⊙ Thomas, was ist die Antwort? ◆ *Tut mir leid*, ich verstehe nicht.

b ⊙ Dienstag habe ich keine Zeit. ◆ ...., vielleicht Freitag?

c ⊙ Wie schreibt man das? ◆ ....

d ⊙ Morgen ist Mathematiktest. ◆ ....

e ⊙ Jetzt verstehe ich das! ◆ ....

f ⊙ Ist das deine Mutter auf dem Foto? ◆ ....

8 | 5

Grammatik	Wortschatz	Phrasen	Wie gut bist du schon?
14-18	22-28	5	☺ Sehr gut!
10-13	16-21	3-4	😐 Okay!
0-9	0-15	0-2	☹ Na ja. Das übe ich noch.

Gesamt | 51

Wie schmeckt das?

A Text

A4 **1 Was weißt du noch? Ordne zu und vergleiche.**  → KB S. 50, 51

Verena ist in Japan in einem Restaurant.	Er mag Schnecken.
Pierre kommt aus Frankreich.	Sie isst Seegurken.
Michael lebt in Australien.	Er kommt aus Texas.
Gai mag Heuschrecken.	Dort isst man oft Kängurufleisch.
David isst Klapperschlangen.	Sie kommt aus Thailand.

B Wortschatz

Essen und Trinken

B1 **2 Schreib die Wörter.**

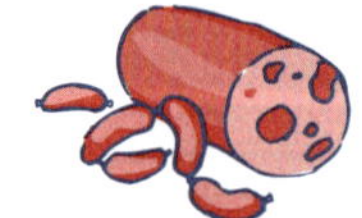

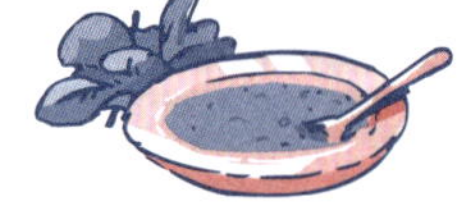

der Spinat

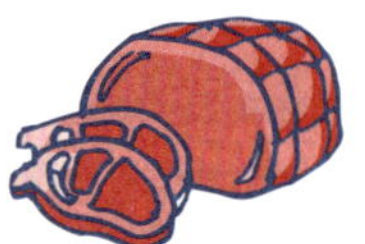

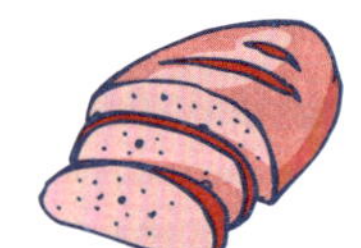

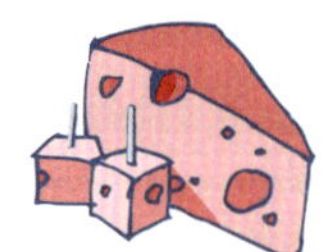

B1 **3** **Was kaufen die Personen? Hör zu und schreib.** 22

Situation 1: *Brot,* ....

Situation 2: ....

Situation 3: ....

C Grammatik

Verben mit Vokalwechsel

C2 **4** **Ergänze die richtigen Formen.**

	essen	nehmen	sprechen
ich			
du	*isst*		
er, es, sie, man			
wir			
ihr		*nehmt*	
sie			*sprechen*

Lerntipp – Wortschatz
Schreib Verben mit Vokalwechsel immer so in dein Vokabelheft:
essen (er isst)
sprechen (er spricht)

C2 **5** **Was passt? Ergänze die Sätze.**

a *Maria* spricht Englisch und Französisch.
b .... nehme einen Orangensaft.
c Sprecht .... Griechisch?
d .... essen gern Fisch.
e Isst .... gern Spinat?
f In Australien isst .... Kängurufleisch.

- du
- ich
- Verena und Eva
- ~~Maria~~
- man
- ihr

C2 **6** **Ordne die Speisen und Länder zu und schreib Sätze.**

England	Crêpe
Spanien	Lasagne
Frankreich	Wiener Schnitzel
Italien	Bigosch
Polen	Tapas
Griechenland	Fish and Chips
Österreich	Moussaka

In Polen isst man ………… Man spricht …………

C2 **7** **Hör zu. Wo sind die Personen? Was essen sie? Ergänze die Sätze.** 23

Situation 1: Lena ist in ………… Sie …………

Situation 2: Michael und Hanna …………

Situation 3: Daniel …………

Situation 4: Patrick und Sophie …………

C2 **8** **Ergänze die Dialoge.**

a ⊙ Ich nehme das Moussaka, du auch?
◆ Ja, warum nicht?
⊙ Wir ………… zweimal …………, bitte.

b ⊙ Was ………… ihr? Fisch oder Pizza?
◆ Fisch mögen wir nicht. Wir ………… ………….

c ⊙ Was ………… du? Orangensaft oder Milch?
◆ Der Orangensaft ist so teuer, ich ………… ………….

d ⊙ Schau, Herr und Frau Huber ………… das Hähnchen.
◆ Ja, das ………… ich auch. Einmal …………, bitte!

e ⊙ Was ………… Stefanie, Pizza oder Hamburger?
◆ Sie mag keine Pizza. Sie ………… sicher ………….

Aussprache

9 Was passt: *ei* oder *ie*? Ergänze die Wörter.

Gr……chenland	dr……ßig	s……ben	Sp……sekarte
Span……n	……stee	……er	Fl……sch
Frankr……ch	R……s	D……nstag	l……be Grüße
verh……ratet	Famil……	langw……lig	

10 Sind deine Wörter richtig? Hör zu und sprich nach.

11 Langes i oder kurzes i? Hör zu und markiere.

Cousine	Arabisch	viel	Lieblingsspeise
Was nimmst du?	geschieden	Er isst Fisch.	spielen
Klavier	ihr	ihre	Schauspieler
Papier	Bleistift	schwierig	Sprichst du Deutsch?

D Hören: Alltagssprache

D2 **12** Was weißt du noch? Wer sagt was? Ordne zu und vergleiche. → KB S. 55

- J Jakob
- A Anna
- K Kioskbesitzer

( ): Was möchtest du?

( ): Was ist da los? Wir warten.

( ): Ach was, ich nehme nur eine Cola.

( ): Eine Cola, das macht 1 € 50.

( ): Einen Hamburger, bitte. Oder ... hmmm ... ich weiß nicht, vielleicht nehme ich doch das Käsebrötchen da.

D2 **13** **Was passt? Ordne zu und ergänze dann die Dialoge.**

Gern, ...	... weiter!
~~Vielleicht~~	... macht
Was ist ...	... doch nicht.
Mach ...	... einen Moment.
Das gibt's ...	... da los?
Das ...	

a ⊙ Einen Orangensaft, bitte.
◆ ....

b ⊙ Was nimmst du?
◆ Hmmmm ... ich weiß nicht. *Vielleicht* nehme ich einen Salat.

c ⊙ Möchtest du ein Eis oder einen Kuchen?
◆ Hmmm ... ich weiß nicht.
□ .... Wir warten.

d ⊙ Okay, ich nehme den Salat.
◆ .... 2 € 30.

e ⊙ Schau, mein Salat. Da ist eine Schnecke!
◆ ....

E Grammatik

möchten, Akkusatiw

E1 **14** **Ergänze.**

möchten · möchtest · möchte · möchten

ich		wir	
du		ihr	*möchtet*
er/es/sie/man	*möchte*	sie	

E1 **15** **Ergänze und ordne zu. Welche Zeichnung passt?**

a ◯
⊙ Was möchtest du?
◆ Ich *m*.............................. einen Hamburger.

b ◯
⊙ Was *m*.............................. deine Freunde?
◆ Sie *m*.............................. zwei Käsebrötchen.

c ◯
⊙ Was *m*.............................. ihr?
◆ Wir *m*.............................. Pommes frites.

E1 **16** **Was nehmen die Personen? *Einen*, *ein* oder *eine* ...?**

✪ Salat ✪ Mineralwasser ✪ Kaffee ✪ Fisch ✪ Eistee ✪ Kuchen ✪ Pizza ✪

Michael nimmt ....

Manuela ....

Frau Huber ....

E1 **17** **Was müssen die Personen aus Übung 16 bezahlen? Ergänze die Dialoge.**

Michael: *Ich bezahle den Eistee und* ....

Kioskbesitzer: *Das macht* ....

Manuela: ....

Kioskbesitzer: ....

Frau Huber: ....

Kioskbesitzer: ....

Eistee	1,50
Mineralwasser	1,20
Kaffee	1,20
Salat	2,40
Fisch	4,40
Pizza	5,40
Kuchen	1,00

E1 **18** ***Den/das/die*** **– Speisen und Getränke. Wer bezahlt was?**

DEN

⊙ Ich bezahle den Tee, den Eistee, den ....

◆ Das macht 7 € 60.

DAS

⊙ Ich bezahle das ....

◆ Das macht 7 € 80.

DIE

⊙ Ich bezahle die ....

◆ Das macht 11 € 30.

Tee	1,20 €
Milch	0,70 €
Eistee	1,50 €
Kakao	0,80 €
Kaffee	1,50 €
Toast	0,50 €
Wurst	1,20 €
Joghurt	0,60 €
Pizza	5,40 €
Hamburger	1,50 €
Eis	3,00 €
Schokolade	2,00 €
Käsebrötchen	2,20 €
Brötchen	0,50 €
Ei	0,60 €
Müsli	1,50 €
Suppe	2,00 €

E1 **19** **Wer isst oder trinkt was nicht? Schreib Sätze.**

Sabrina isst ihren Fisch nicht.

Sophie ....

Fabian ....

Max und Tom ....

Manuel ....

Herr Berger ....

E1 **20** **Aktivitäten im Deutschunterricht. Schreib die Verben mit Akkusativ.**

- akrimreen (Plural)
- elsen (Satz)
- röhen (Dialog)
- shecibern (Test)
- buhistarcbeen (Namen)
- rägenzne (Satz)
- eeigzn (Fehler)
- resteevhn (Film)
- üebn (Dialog)
- iechnzen (Tisch)
- fgaern (Lehrer)
- ömegn (Text)
- camhne (Fehler)

den Plural markieren

einen Satz

....

Lerntipp – Grammatik
Den Akkusativ erkennst du nur im Singular maskulin. Da haben alle Artikelwörter ein **-en** *(den, einen, meinen ...)*. Sonst haben Nominativ und Akkusativ immer dieselben Artikelwörter.

Finale: Fertigkeitentraining

21 **Hör den Dialog, Teil 1.** 26
Was kaufen Vater und Sohn?
Kreuze an.

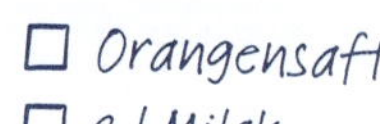

- ☐ Orangensaft
- ☐ 2 l Milch
- ☐ Käse
- ☐ Hähnchen
- ☐ Spinat
- ☐ Wurst
- ☐ Fisch

22 **Hör den Dialog, Teil 2.** 27
Schreib die richtige Einkaufsliste.

Brot ....

23 Lies die E-Mail und schreib eine Antwort.

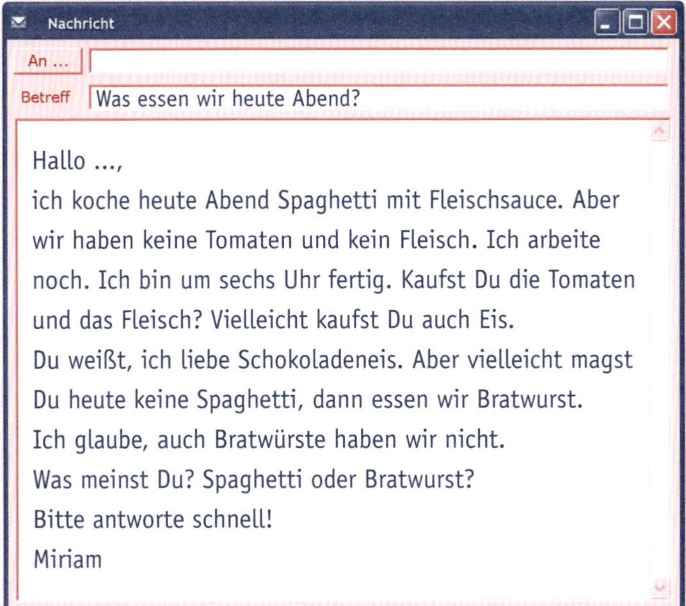
Nachricht
An ...
Betreff Was essen wir heute Abend?

Hallo ...,
ich koche heute Abend Spaghetti mit Fleischsauce. Aber wir haben keine Tomaten und kein Fleisch. Ich arbeite noch. Ich bin um sechs Uhr fertig. Kaufst Du die Tomaten und das Fleisch? Vielleicht kaufst Du auch Eis.
Du weißt, ich liebe Schokoladeneis. Aber vielleicht magst Du heute keine Spaghetti, dann essen wir Bratwurst.
Ich glaube, auch Bratwürste haben wir nicht.
Was meinst Du? Spaghetti oder Bratwurst?
Bitte antworte schnell!
Miriam

Strategie – Vor dem Schreiben
Du sollst eine Antwort schreiben. Lies den Text (hier: eine E-Mail) zuerst ganz genau durch. Stell Fragen und mach Notizen.

Zum Beispiel:

1 Was möchte Miriam kochen? *Spaghetti oder ...*
2 Was hat sie nicht zu Hause? *Tomaten, ...*
3 Was möchte sie noch wissen?

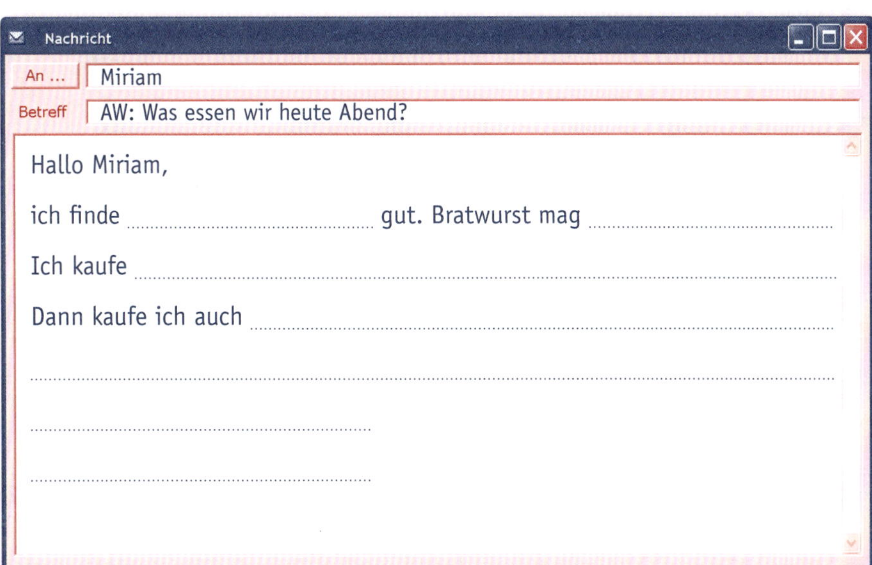
Nachricht
An ... Miriam
Betreff AW: Was essen wir heute Abend?

Hallo Miriam,
ich finde .... gut. Bratwurst mag ....
Ich kaufe ....
Dann kaufe ich auch ....
....
....
....

Lernwortschatz

Nomen

Instrument, das, -e ....
Titel, der, – ....
Hunger, der (Sg.) ....
Restaurant, das, -s ....
Essen, das (Sg.) ....
Fleisch, das (Sg.) ....
Pommes frites, die (Pl.) ....
Hähnchen, das, – ....
Käse, der, – ....
Joghurt, der (Sg.) ....
Orangensaft, der (Sg.) ....
Brot, das, -e ....
Reis, der (Sg.) ....
Tee, der (Sg.) ....
Milch, die (Sg.) ....
Kaffee, der (Sg.) ....
Wurst, die, ¨-e ....
Fisch, der, -e ....
Müsli, das (Sg.) ....
Eis, das (Sg.) ....
Ei, das, -er ....
Tomate, die, -n ....
Banane, die, -n ....
Kartoffel, die, -n ....
Apfel, der, ¨ ....
Getränk, das, -e ....
Obst, das (Sg.) ....
Gemüse, das (Sg.) ....
Sprache, die, -n ....
Frühstück, das (Sg.) ....
Kakao, der (Sg.) ....
Euro, der, – ....
Brötchen, das, – ....
Marmelade, die, -n ....
Kuchen, der, – ....
Käsebrötchen, das, – ....
Cola, die, -s ....
Mineralwasser, das, – ....
Eistee, der (Sg.) ....
Salat, der, -e ....
Schokolade, die (Sg.) ....
Mittag, der (Sg.) ....
Preis, der, -e ....
Morgen, der (Sg.) ....
Abend, der, -e ....
Meter, der, – ....
Kilogramm, das, – ....
Teller, der, – ....
Suppe, die, -n ....
Wochenende, das, -n ....

Verben

schmecken ....
essen ....
trinken ....
nehmen ....
sprechen ....
weitermachen ....
nennen ....
stimmen ....
bezahlen ....
schlafen ....

Adjektive

typisch ....
natürlich ....
komisch ....
gesund ....
möglich ....
lieb ....

andere Wörter

mehr ....
nichts ....
vielleicht ....
genug ....
also ....

Wichtige Wendungen

Vorlieben ausdrücken

Ich esse gern Eis.
Ich trinke gern Orangensaft.
Wurst schmeckt schrecklich.

Wünsche äußern

Ich möchte einen Salat.

Preise nennen

Das macht 6 €.

Grüßen / gute Wünsche

Guten Morgen!
Guten Appetit!
Bis bald.

Alltagssprache

Gern, einen Moment.
Was ist da los?
Mach weiter!
Das gibt's doch nicht.

Das kann ich jetzt ...

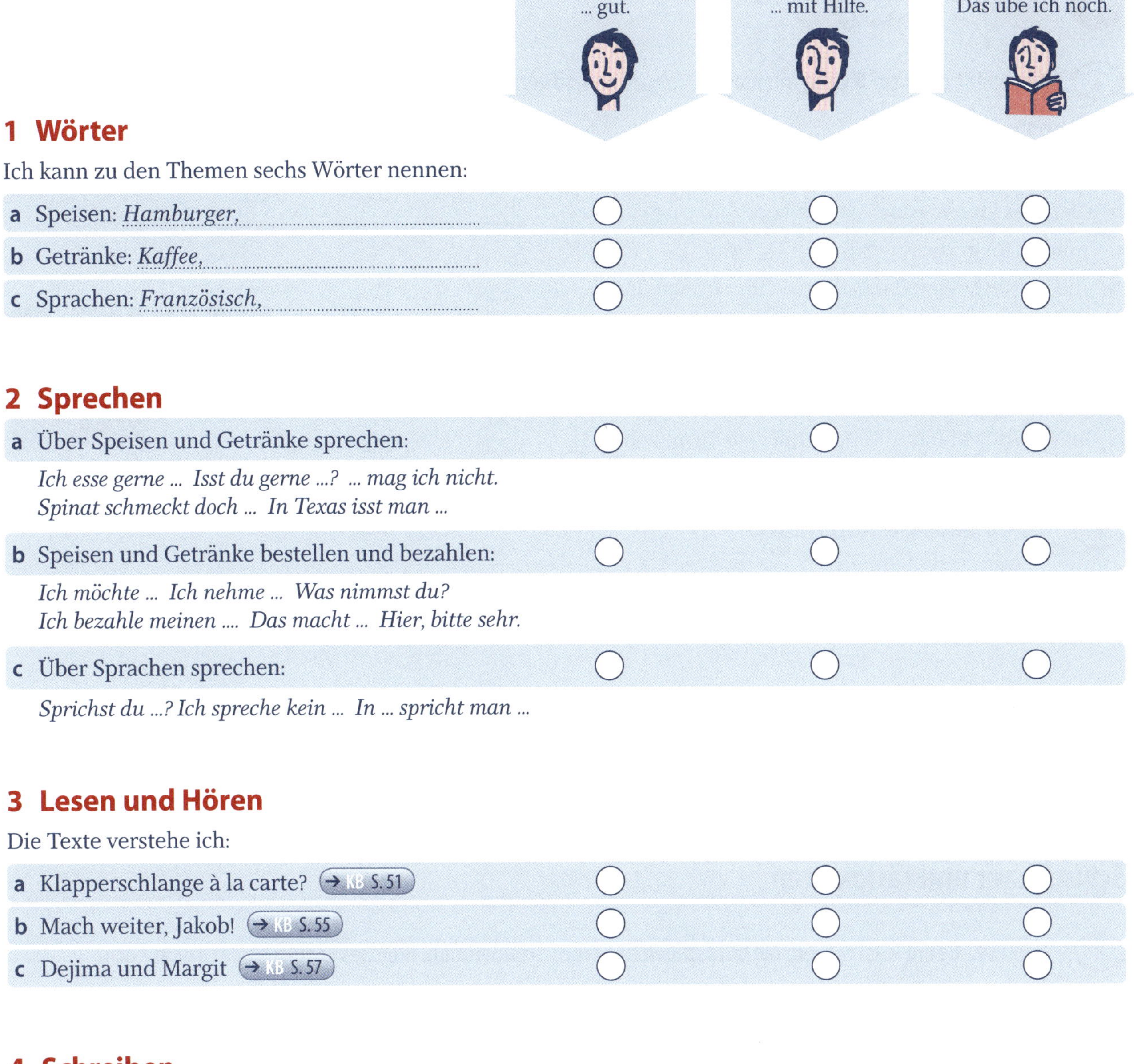

	... gut.	... mit Hilfe.	Das übe ich noch.
1 Wörter			
Ich kann zu den Themen sechs Wörter nennen:			
a Speisen: *Hamburger,*	○	○	○
b Getränke: *Kaffee,*	○	○	○
c Sprachen: *Französisch,*	○	○	○
2 Sprechen			
a Über Speisen und Getränke sprechen:	○	○	○
Ich esse gerne ... Isst du gerne ...? ... mag ich nicht. Spinat schmeckt doch ... In Texas isst man ...			
b Speisen und Getränke bestellen und bezahlen:	○	○	○
Ich möchte ... Ich nehme ... Was nimmst du? Ich bezahle meinen .... Das macht ... Hier, bitte sehr.			
c Über Sprachen sprechen:	○	○	○
Sprichst du ...? Ich spreche kein ... In ... spricht man ...			
3 Lesen und Hören			
Die Texte verstehe ich:			
a Klapperschlange à la carte? → KB S. 51	○	○	○
b Mach weiter, Jakob! → KB S. 55	○	○	○
c Dejima und Margit → KB S. 57	○	○	○
4 Schreiben			
Eine E-Mail zum Thema Essen und Trinken.	○	○	○

Warum lernen ...?

Text

A2 **1 Was weißt du noch? Richtig oder falsch? Kreuze an und vergleiche.** → KB S. 58, 59

		richtig	falsch
a	Charlee Chakuh lebt in Thailand.	☐	☐
b	Charlees Lieblingsfach ist Medizin.	☐	☐
c	Julio spielt gerne Fußball.	☐	☐
d	Julio besucht eine Fußballschule für Straßenkinder.	☐	☐
e	Manuela Winkler findet Mathematik schwierig.	☐	☐
f	Manuelas Lieblingsfach ist Zirkus.	☐	☐
g	Binud Gorong ist Bauer von Beruf.	☐	☐
h	In Nepals Schulen ist Naturschutz ein Schulfach.	☐	☐

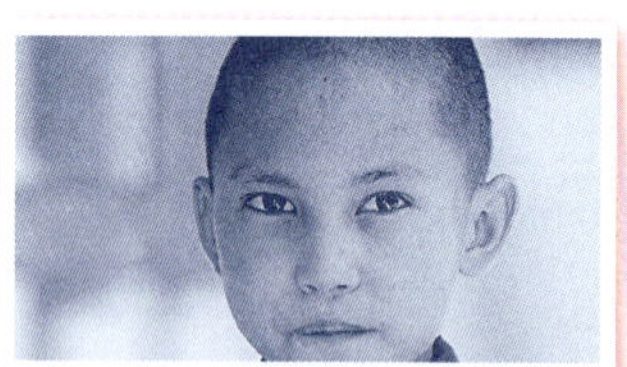

A2 **2 Schreib die falschen Sätze richtig.**

Charlees Lieblingsfach ist nicht Medizin. Er muss Kurse in Medizin machen.

....

....

Wortschatz

Schulfächer und Tätigkeiten

B1 **3 Wann hat Bernd was? Schreib die Buchstaben in Bernds Stundenplan. Welches Schulfach hat Bernd noch?**

Dienstag		Mittwoch	
Sport	☐	Deutsch	☐
Erdkunde	☐	Geschichte	☐
Mathe(matik)	☐	Chemie	☐
Musik	☐	Englisch	☐
Wahlfach	☐	Kunst	☐

Bernd hat auch noch: *I* _ _ _ _ _ _ _ _ _ _ _ .

B1 **4 Ergänze die Schulfächer.**

Das lernst du in

a Was bedeutet $a^2+b^2=c^2$? ... *Mathematik*

b Wo ist Oslo? ...

c Was heißt „Tu as quel âge“? ...

d Wie zeichnet man eine Katze oder einen Hund? ...

e Was bedeutet H_2O? ...

f Warum hat Deutschland keinen Kaiser? ...

g Wie spielt man Volleyball? ...

h Was ist Hip-Hop und was ist eine Symphonie? ...

B1 **5 Schulfächer und Tätigkeiten. Was passt nicht? Mach eine Übung für deinen Partner / deine Partnerin.**

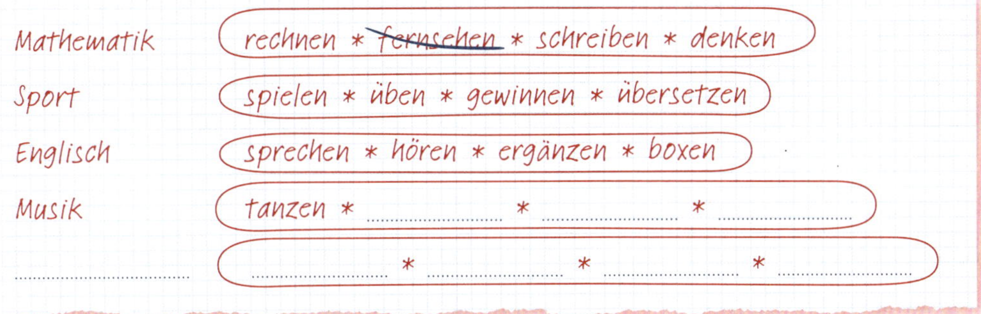

✪ singen ✪ sprechen ✪ hören ✪ tanzen ✪ tauchen ✪ suchen ✪ raten ✪ finden ✪ wählen ✪ spielen ✪ schreiben ✪ ergänzen ✪ üben ✪ gewinnen ✪ beginnen ✪ fernsehen ✪ ankreuzen ✪ kontrollieren ✪ übersetzen ✪ wiederholen ✪ boxen ✪ denken ✪ entdecken ✪ leben ✪ heißen ✪ kommen ✪ rechnen ✪ merken ✪ essen ✪ trinken ✪ nehmen ✪ verstehen ✪ ... ✪

Grammatik

müssen, können

6 Ergänze die Tabelle. Bilde Sätze.

Ich	*muss*	*machen.*
Du		*lernen.*
Er / Es / Sie / Man		
Wir		
Ihr		
Sie (Carla und Stefan)		

C1

7 Ergänze die Sätze.

- muss (2x)
- musst
- müssen (2x)
- müsst

a Wir .... am Dienstag einen Test schreiben.

b .... ihr auch „Le Petit Prince“ lesen?

c Peter, du .... noch die Mathematikhausaufgabe machen.

d Ich .... Gitarre üben.

e Tobias und Markus .... noch ihr Essen bezahlen.

f Teresa .... Italienisch lernen.

C1

8 Was müssen Peter und Sabine am Mittwoch machen?

Mittwoch	Do
Mathematiktest (3. Stunde)	
Basketball!!	
Mathematikhausaufgabe S. 23	
„Romeo und Julia“ lesen	
Klavierstunde! (üben!!!)	
Englischvokabeln!!	
Nicos Computerspiel spielen	

Mittwoch	Do
Mathematiktest (3. Stunde)	
Einrad fahren	
Mathematikhausaufgabe S. 23	
Lenas CD hören	
E-Mails schreiben	
Englischvokabeln!!	
Handy kaufen	

Peter und Sabine müssen ....

Sie müssen .... und ....

Peter muss Basketball spielen. Er muss ....

....

Sabine muss ....

Sie muss ....

Lerntipp – Grammatik
Modalverben
Denk daran: Bei *können* und *müssen* steht das wichtige 2. Verb am Satzende.

Peter und Sabine müssen ~~schreiben~~ → einen Mathematiktest schreiben.

C2 **9** **Ergänze wieder die Tabelle und bilde Sätze.**

Ich		*fahren.*
Du		
Er / Es / Sie / Man		
Wir	*können*	
Ihr		
Sie (Carla und Stefan)		

C2 **10** **Ergänze die Fragen und Antworten.**

kann ✪ kannst ✪ können ✪ könnt

a ⊙ .... du Fahrrad fahren?
◆ Ja, natürlich.

b ⊙ .... Susanne schwimmen?
◆ Nein, sie ist erst drei, ... noch nicht schwimmen.

c ⊙ Wir spielen Schach, kommt Patrick auch?
◆ Nein, Patrick .... nicht Schach spielen.

d ⊙ .... du Gitarre spielen?
◆ Nein, aber ich .... Klavier spielen.

e ⊙ .... deine Freunde Einrad fahren?
◆ Tim und Anna .... Einrad fahren, aber Lukas nicht.

f ⊙ .... ihr Tennis spielen?
◆ Nein, Tennis mögen wir nicht, aber .... Volleyball spielen.

C2 **11** **Wer kann was? Wer kann was nicht? Schreib Sätze.**

1

2

3

4

5

6

1 *Sie kann Klavier spielen.*
2 ....
3 ....
4 ....
5 ....
6 ....

C2 **12** **Ergänze die Sätze mit den Informationen aus der Tabelle.**

Sabine	✓	✓	✓	–
Paul	–	–	✓	✓
Georg	–	✓	–	–
Eva	–	✓	–	✓

a ⊙ Kann Georg Einrad fahren?
◆ Nein, aber er …… Gitarre spielen.

b ⊙ Sabine, …… du einen Handstand machen?
◆ ……, und ich …… auch Einrad fahren.

c Paul, Georg und Eva …… ……

d ⊙ …… Paul und Sabine Tennis spielen?
◆ Paul …… Tennis spielen, aber Sabine?
⊙ Sabine, …… du Tennis spielen?
□ ……, das …….

e Sabine, Georg und Eva …… …….

C2 **13** **Was kannst du, was kannst du nicht? Schreib richtige Sätze.**

Ich kann ……, aber ich kann nicht …….
Ich kann nicht ……, aber ich kann …….
Meine Eltern können ……, aber sie können nicht …….
Kleine Kinder können ……, aber sie können nicht …….

deshalb

C3 **14** **Ordne zu und schreib Sätze mit *deshalb*.**

✪ Deutsch, Französisch und Italienisch können ✪ ~~Mathematik mögen~~ ✪ Spanisch lernen ✪ alle ihre CDs haben ✪ Chemie lernen müssen ✪ keine Mails schreiben können ✪ Französisch nehmen ✪

a Leonie kann gut rechnen, deshalb mag sie Mathematik.
b Die Red Hot Chili Peppers sind Davids Lieblingsband, ……
c Urs kommt aus der Schweiz, ……
d Carls Freundin kommt aus Madrid, ……
e Lea braucht noch einen Sprachkurs, ……
f Toms Computer ist kaputt, ……
g Anne hat morgen einen Test, ……

15 Ergänze und schreib fünf persönliche Sätze. Verwende *deshalb*.

Warum ist .... dein Lieblingssänger?

Warum ist .... dein Lieblingsfach?

Warum ist .... dein Lieblingsland?

Warum ist .... deine Lieblingsspeise?

Warum ist .... dein Lieblingssport?

.... *kann gut singen, deshalb* ....

....

....

....

....

D Hören: Alltagssprache

D1

16 Was weißt du noch? Ordne zu und vergleiche.

→ KB S. 63

Michael ...	... findet die Physiklehrerin nett.
Sabine ...	... nimmt nicht den Englischkurs, sondern den Ballettkurs.
Monika ...	... kann nicht gut rechnen.
Sabine ...	... muss noch einen Englischkurs machen.
Michael ...	... nehmen vielleicht beide den Ballettkurs.
Michael und Monika ...	... findet den Englischkurs langweilig.

D1

17 Was passt? Ordne zu und ergänze dann den Dialog.

~~sowieso~~	
Warum ...	... auch, oder?
Der ist ...	... nicht?
Was nehme ...	... total nett.
Du doch ...	... ich nur?
Was ...	... heißt das?

⊙ Basketball oder Fußball? **a** ....

◆ Nimm Basketball, der Trainer ist Herr Berger.

b ....

Vielleicht nehme ich auch Basketball, ich muss *sowieso* noch einen Sportkurs nehmen.

⊙ Mario, nimmst du auch Basketball?

☐ **c** .... Am Dienstag und am Mittwoch habe ich Zeit.

⊙ **d** ....

☐ Da ist das Training, da habe ich Zeit. **e** ....

E Grammatik

Imperativ

E1 **18 Lernst du? Lern doch! Schreib den Imperativ.**

Lernst du die Deutschvokabeln?	*Lern doch die Deutschvokabeln.*	Lernt ihr die Deutschvokabeln?	*Lernt doch die Deutschvokabeln.*
Machst du die Hausaufgaben?		Macht ihr die Hausaufgaben?	
Liest du „Le Petit Prince"?		Lest ihr „Le Petit Prince"?	
Nimmst du den Englischkurs?		Nehmt ihr den Englischkurs?	

E1 **19 Wie heißen die Anweisungen in der Lektion 6 im Kursbuch? Ordne richtig zu.** → KB S. 58–65

Macht ...	... in der Klasse.
Ergänzt die ...	... die Sätze.
Findet zwei ...	... Imperativformen.
Berichtet ...	... neue Fragen.
Gib ...	... Ratschläge.
Schreib ...	... Tabelle.
Verbinde ...	... eine Liste und vergleicht.

E2 **20 Schreib die Anweisungen auch im Singular oder Plural.**

Gib Ratschläge .... *Gebt Ratschläge* ....

E2 **21 Was sagt die Lehrerin in der Klasse?**

den Dialog hören · ~~einen Text schreiben~~ · Deutschvokabeln lernen · die Sätze ergänzen · den Text lesen · ein Interview machen

a *Schreibt einen Text.*

b ....

c ....

d .... e .... f ....

E2 **22 Gib Ratschläge. Ordne zu und schreib Imperativformen.**

heute Fisch essen ✪ eine E-Mail schreiben ✪ „Love and Shakespeare" nehmen ✪ die CD noch einmal hören ✪ noch einmal rechnen ✪ ~~Mineralwasser trinken~~ ✪ die Lehrerin fragen

a Ich mag keinen Orangensaft. *Trink doch Mineralwasser.*

b Ich verstehe die Übung nicht. ....

c Ich mag Fisch. Fisch ist meine Lieblingsspeise. ....

d Wir verstehen den Dialog nicht.
Die Personen sprechen so schnell. ....

e Ich muss Sabine sprechen, aber sie hat kein Handy. ....

f Wir müssen noch einen Englischkurs machen. ....

g 37,8645? Ich glaube, die Lösung ist falsch. ....

Aussprache

23 Hör zu und markiere die Satzmelodie (↗ oder ↘). 28

Aussage: Nicole kann gut rechnen. (↘)

Imperativ: Nimm doch den Englischkurs. ( )

W-Frage: Wer kann Klavier spielen? ( )

Ja/Nein-Frage: Kannst du einen Handstand machen? ( )

Intonationsfrage: Du kannst Griechisch? ( ) Ich kann schwimmen, ( ) und du? ( )

24 Hör zu und markiere die Satzmelodie (↗ oder ↘) und die Betonung. 29

Hör den Dialog. ( )

Thomas kann nicht gut rechnen. ( )

Könnt ihr Gitarre spielen? ( )

Ich nehme den Ballettkurs nicht. ( )

Wann kannst du morgen kommen? ( )

Wir nehmen den Englischkurs, und ihr? ( )

Er kann nicht lesen? ( )

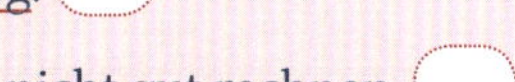

Finale: Fertigkeitentraining

25 Lies die Texte und ergänze dann die Sätze.

Wie und wo lernst du? Schule – ganz anders

Sven kommt aus Deutschland. Er lebt bei Husum, in einem Haus auf dem Land. Svens Schule ist sehr klein: Sie hat nur zehn Schüler und einen Lehrer. Sven meint: „Ein Lehrer und zehn Schüler, meine Eltern finden das toll. Aber ich bin nicht sicher. Ich muss immer alle Hausaufgaben haben und ich muss immer alles können."

Michaela besucht eine Schule in Stams in Österreich. Michaela ist 15 Jahre alt und Skispringerin. Die Schule in Stams ist eine besondere Schule für Skisportler. Michaela hat dort auch normale Schulfächer wie Englisch, Deutsch und Mathematik. Doch Michaela hat dreimal am Tag Training und kann nicht so viele normale Fächer nehmen. Deshalb müssen die Schüler in Stams auch ein Extra-Schuljahr machen.

Leonard spielt Klavier, und er spielt sehr gut. Leonard ist erst 14 Jahre alt, aber er gewinnt internationale Wettbewerbe und Preise. Leonard muss 40 Konzerte im Jahr spielen. Da hat er nicht viel Zeit. Die Schule muss warten. Leonards Eltern meinen: „Im Moment ist die Musik wichtig. Die Schule kommt später." Auch Leonards Eltern sind Musiker.

Sabines Schule ist ein Hotel. Ihre Lehrer sind die Köche und Manager im Hotel. Sabine besucht eine Tourismusschule in der Schweiz. Acht Wochen im Jahr machen die Schüler und Schülerinnen ein „Berufspraktikum", das heißt sie arbeiten in einem Hotel. „Das Praktikum ist interessant", meint Sabine, „aber der Test am Ende muss nicht sein."

✪ Sven ✪ Michaela ✪ Leonard ✪ Sabine ✪

.... geht nicht in die Schule.	...............s Schule ist nicht sehr groß.
...............s Eltern finden die kleine Schule gut.	...............s Eltern finden, die Schule ist nicht so wichtig.
.... ist Skispringerin.	.... muss ein Extra-Schuljahr machen.
.... will später im Tourismus arbeiten.	.... mag den Praktikumstest nicht.

26 Lies den kurzen Text und die Fragen.

Zu Hause lernen? – Gar nicht schlecht

Martina Müller kommt aus Deutschland. Sie ist 15 Jahre alt und ihr Bruder Peter ist 13, aber sie besuchen keine Schule. Martinas Familie lebt im Moment in Tarija, Bolivien. Martinas Vater ist Ingenieur und muss ein Jahr lang in Bolivien arbeiten. Martina und ihr Bruder lernen zu Hause.

a Warum besuchen Martina und ihr Bruder keine Schule?
Martina und ihr Bruder können kein Spanisch und Tarija hat keine deutsche Schule.

b Wie lernt Martina?

....

c Was ist Martinas Lieblingsfach?

....

d Lernen zu Hause: Was finden Martina und ihr Bruder gut?

....

e Wer sind Martinas Freunde?

....

f Was macht Martina in Tarija in der Freizeit?

....

27 Hör jetzt das Interview und beantworte die Fragen.

Strategie – Beim Hören
Hör auf die betonten Wörter im Satz. Sie geben oft wichtige Informationen.
Hör auf die Satzmelodie. Du verstehst die Informationen im Text dann besser.
Zum Beispiel:
„Wir haben hier in Tarija keine deutsche Schule ↘ und mein Bruder und ich sprechen kein Spanisch ↘."

28 Lies und hör den Text noch einmal. Was findest du gut / nicht so gut? Schreib Sätze.

Das finde ich gut:
Martina hat keine Lehrer.
Sie kann am Vormittag oder am Nachmittag lernen.

Das finde ich nicht so gut:
Martina hat nicht viele Freunde in Bolivien.

Lernwortschatz

Nomen

Schulfach, das, ¨-er ....
Schule, die, -n ....
Natur, die (Sg.) ....
Sport, der (Sg.) ....
Biologie, die (Sg.) ....
Europa ....
Eins, die (Sg.) ....
Physik, die (Sg.) ....
Englisch, das (Sg.) ....
Straßenkind, das, -er ....
Deutsch, das (Sg.) ....
Chemie, die (Sg.) ....
Erdkunde, die (Sg.) ....
Geschichte, die (Sg.) ....
Stundenplan, der, ¨-e ....
Kurs, der, -e ....
Kursnummer, die, -n ....
Zeit, die, -en ....
Ballett, das (Sg.) ....
Ahnung, die, -en
(keine Ahnung) ....
Moped, das, -s ....
Krimi, der, -s ....
Mal, das (Sg.) ....
Rätsel , das, – ....
Antwort, die, -en ....
Internet, das (Sg.) ....
Wasser, das (Sg.) ....

Verben

lernen ....
besuchen ....
müssen ....
können ....
singen ....
kochen ....
lieben ....
sagen ....
antworten ....

Adjektive

schnell ....
total ....
sympathisch ....
natürlich ....
intelligent ....
hoch ....

Andere Wörter

deshalb ....
niemand ....
so ....
mehr ....

Wichtige Wendungen

Zustimmung signalisieren

Ja, genau.
(Ja,) natürlich!

Fähigkeiten und Notwendigkeiten ausdrücken

Ich kann Gitarre spielen.
Ihr müsst noch einen Chemiekurs machen.
Ich muss sowieso noch einen Englischkurs machen.

Ratschläge geben

Nimm doch den Physikkurs!

etwas begründen

Ich kann gut Fußball spielen, deshalb mag ich Sport.

Alltagssprache

Was nehme ich nur?
Warum nicht?
Das ist total langweilig.

Das kann ich jetzt ...

	... gut.	... mit Hilfe.	Das übe ich noch.

1 Wörter

Ich kann zu den Themen sechs Wörter nennen:

	... gut.	... mit Hilfe.	Das übe ich noch.
a Schulfächer: *Mathematik,*	○	○	○
b Aktivitäten in der Schule: *lesen,*	○	○	○
c andere Aktivitäten: *Moped fahren,*	○	○	○

2 Sprechen

	... gut.	... mit Hilfe.	Das übe ich noch.
a Über Schulfächer und den Stundenplan sprechen. *Was ist dein Lieblingsfach? Am ... habe ich Sport. Mathematik mag ich, aber ...*	○	○	○
b Über Notwendigkeiten sprechen. Sagen, was man machen muss. *Ich muss ... Wir müssen ... Musst du auch ...?*	○	○	○
c Über Fähigkeiten sprechen. Sagen, was man kann. *Ich kann ... Wir können ... Kannst du ...? Wer kann ...?*	○	○	○

3 Lesen und Hören

Die Texte verstehe ich:

	... gut.	... mit Hilfe.	Das übe ich noch.
a Besondere Schulfächer: In Fußball eine Eins. → KB S. 59	○	○	○
b Manuelas Stundenplan → KB S. 61	○	○	○
c Wahlfächer → KB S. 63	○	○	○
d Wer oder was ist „Ei-Kju“? → KB S. 65	○	○	○

4 Schreiben

	... gut.	... mit Hilfe.	Das übe ich noch.
Eine E-Mail zum Thema „Wahlfächer“.	○	○	○

Brauchen Sie Hilfe?

A Text

A2 **1 Was weißt du noch? Ergänze den Text.** → KB S. 67

✪ Trinkwasser ✪ kommt ✪ Wasser ✪ lebt ✪ werden ✪ Strand ✪ Meer ✪ schön ✪ Medizin ✪ Essen ✪ Ärzte ✪ Schule ✪

Sena **a** .... in Sri Lanka. Der **b** .... ist ihr Lieblingsplatz. Das **c** .... ist wunderschön. Doch dann **d** .... die Welle. Plötzlich ist überall **e** .... Das Meer ist nicht mehr **f** .... und ruhig, sondern gefährlich. Drei Tage lang haben Sena und ihre Eltern kein **g** .... und kein **h** .... Dann kommen **i** .... aus Europa und bringen **j** .... Heute kann Sena wieder eine **k** .... besuchen. Später will sie Ärztin **l** ....

B Wortschatz

Farben, Gefühle

B1 **2 Ergänze die Namen der Farben. Wie heißt Farbe Nummer 11?**

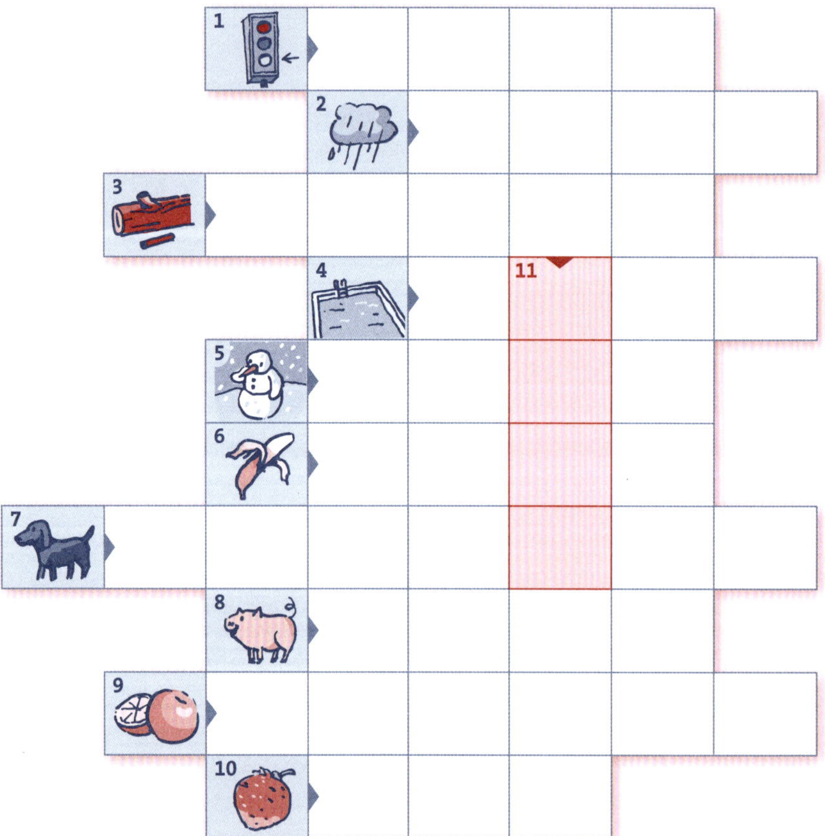

B1 **3 Misch die Farben. Ergänze.**

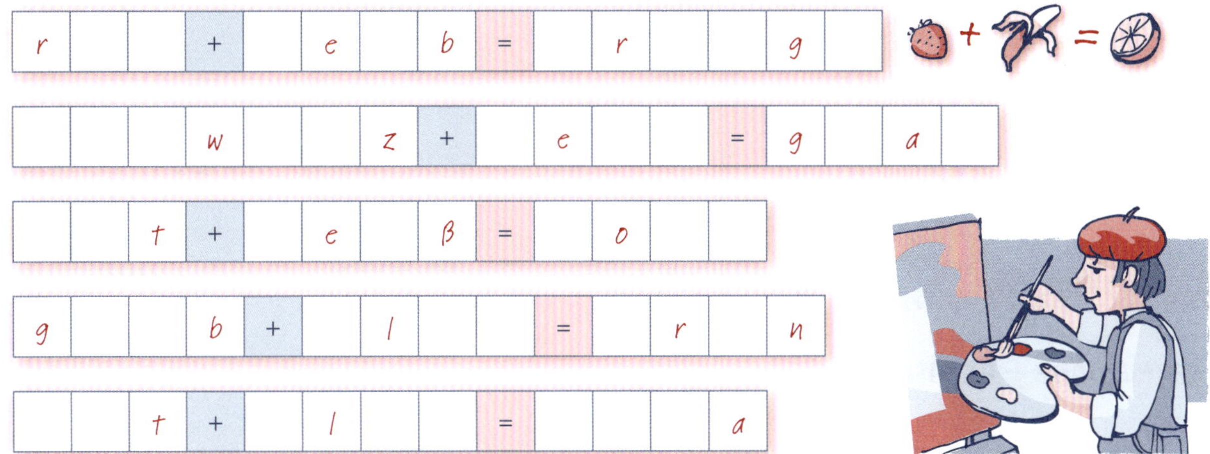

B2 **4 Finde die Gefühlswörter. Schreib die Wörter unter die Zeichnungen.**

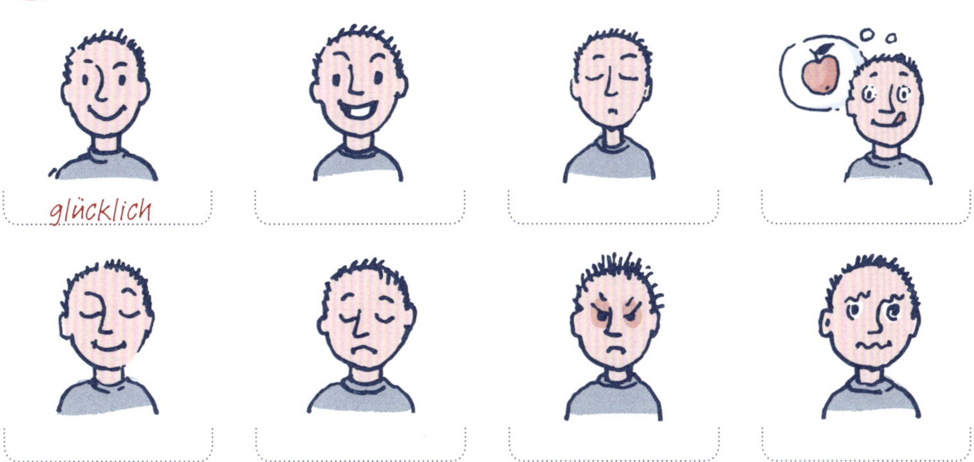

- zufrieden
- lustig
- müde
- hungrig
- traurig
- wütend
- ~~glücklich~~
- nervös

B2 **5 Zeichne fünf Gefühle. Dein Partner / Deine Partnerin muss raten.**

B2 **6 Was ist richtig? Unterstreiche die richtigen Wörter.**

a Meine Schwester hat Geburtstag. Alle ihre Freunde sind da. Sie ist glücklich | traurig.

b Wir spielen jetzt schon drei Stunden Fußball. Ich kann nicht mehr laufen. Ich bin müde | wütend.

c Ina übt Gitarre. Sie hat morgen ein Konzert. Sie ist schon nervös | lustig.

d Haben wir Brot, Käse oder Wurst? Ich muss jetzt etwas essen. Ich bin so hungrig | müde.

e Pauline hat hier keine Freunde. Sie ist traurig | zufrieden.

f Denis wartet schon eine Stunde. Aber der Bus kommt nicht. Jetzt ist er wütend | lustig.

B2 **7** **Hör zu. Welche Gefühlswörter passen zu den Situationen?** 31

a ....
d ....
b ....
e ....
c ....
f ....

C Grammatik

für, gegen, ohne + Akkusativ

C1 **8** **Ergänze *für*, *gegen* oder *ohne*. Welche Lektion passt zum Satz?** → KB Lektion 3-7

a David gewinnt *gegen* Wladimir Kramnik, den Schachprofi. Lektion *3*
b Juan geht in eine Fußballschule .... Straßenkinder. Lektion
c .... seine Tiere kann Großvater Eugenius nicht leben. Lektion
d Ingrid Bergman und Humphrey Bogart gewinnen den Oskar .... den Film „Casablanca". Lektion
e Die Löwen sind wie eine Familie .... Ida Ahlers. Lektion
f Jasmin sucht Dinge .... ihre Familie auf der Mülldeponie. Lektion
g Nannerl und Wolfgang Mozart spielen .... die Kaiserin von Österreich Klavier. Lektion
h Sandra Neumann boxt manchmal auch .... Jungen. Lektion
i Dejima Wakunasato beginnt seinen Tag immer .... Frühstück. Lektion
j Manuela Winkler findet die Schule .... das Wahlfach „Zirkus" langweilig. Lektion
k Sarah und Mary tauchen nach Muscheln .... ihre Shopping-Tour. Lektion
l „Ärzte ohne Grenzen" bringt Hilfe .... die Menschen in Sri Lanka. Lektion

Lerntipp – Grammatik
Such im Kursbuch oder im Arbeitsbuch gute Beispielsätze für die Grammatik. Lern die Sätze auswendig.

Zum Beispiel:
Präposition *für* + Akkusativ:
Ingrid Bergman gewinnt den Oscar *für* den Film „Casablanca". (L4)
können:
Manuela *kann* Einrad *fahren.* (L6)

C1 9 Geburtstage: Wer kauft was und für wen?

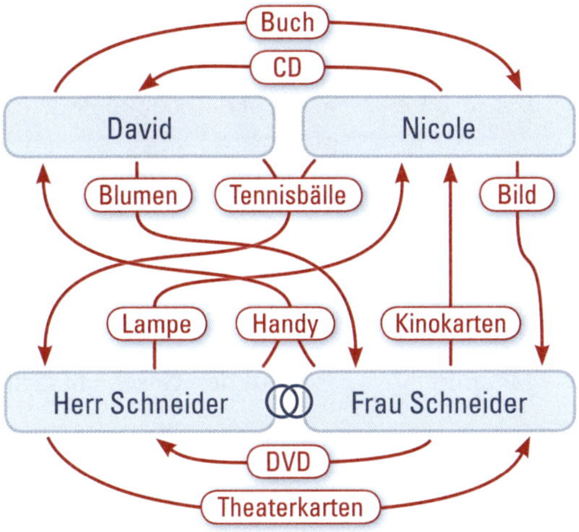

a **Davids Geburtstag:** Nicole kauft für *ihren* Bruder *eine CD*.

b Herr und Frau Schneider kaufen für .... Sohn ....

c **Nicoles Geburtstag:** David kauft für .... Schwester ....

d Herr Schneider kauft für .... Tochter ....

e Frau Schneider kauft für .... Tochter ....

Buch
CD
David
Nicole
Blumen
Tennisbälle
Bild
Lampe
Handy
Kinokarten
Herr Schneider
Frau Schneider
DVD
Theaterkarten

f **Herr Schneiders Geburtstag:** David und Nicole kaufen für .... Vater ....

g Frau Schneider kauft für .... Mann ....

h **Frau Schneiders Geburtstag:** Herr Schneider kauft für .... Frau ....

i David kauft für .... Mutter ....

j Nicole kauft für .... Mutter ....

C2 10 Wer will was tun? Ergänze die Tabelle.

Ich	*will*	*eine CD kaufen.*	Wir		
Du			Ihr		
Stefanie			Paul und Pauline		

C2 11 Was wollen die Personen machen? Ergänze die Sätze.

will ✪ willst ✪ wollen ✪ wollt

a Stefan *will* Architekt werden.

b Wir .... eine CD für Stefan kaufen.

c .... ihr Musik hören?

d Ich .... eine E-Mail schreiben.

e .... du ein Foto machen?

f Manuel und Stefanie .... tanzen.

C2 **12** **„Ja, aber …" Ergänze die Sätze mit Verb und Nomen.**

~~spielen~~ · schreiben · lernen · wollen · müssen · können · essen · gehen

~~Freunde~~ · Mail-Adresse · Geschichtsbuch · Geld · Karte

a Markus *will* Fußball *spielen*, aber ohne seine *Freunde* findet er Fußballspielen langweilig.

b ⊙ ………… ihr Andreas eine E-Mail …………?
◆ Ja, aber ohne seine ………… können wir das nicht.

c Melanie ………… für den Geschichtstest …………, aber ohne ihr ………… geht das nicht.

d Stefan und Thomas ………… etwas zu Mittag …………, aber ohne ………… können sie am Kiosk nichts kaufen.

e ⊙ Heute Abend ist ein Popkonzert, ………… du …………?
◆ Ja, aber ohne ………… habe ich keine Chance.

Aussprache

13 **Was hörst du: *s* oder *sch*? Hör zu und notiere. Hör dann noch einmal und sprich nach.** 32

Strand ____ · Spanisch *sch* ____ · Straße *sch* ____ · Geschichte ____ · Kunst ____ · schön ____ · hässlich ____

Haus ____ · schlafen ____ · Stunde ____ · später ____ · nichts ____ · Sport ____ · Toast ____

Großvater ____ · Wasser ____ · Sonntag ____ · Musik ____ · Frühstück ____ · Speise ____

14 **Wann hörst du *sch*, wann hörst du *s*? Ordne zu und schreib die Wörter aus 13 in die Tabelle.** 32

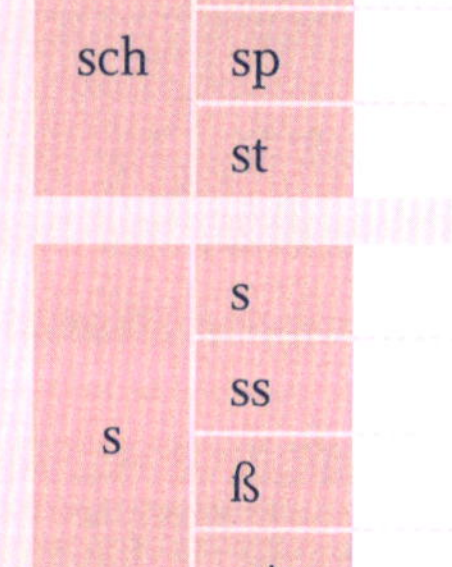

sch	sch	*schön,*
	sp	
	st	
s	s	
	ss	
	ß	
	-st	

15 **Hör zu, sprich nach und ergänze *s* oder *sch*.** 

a Mein Bruder ist ……tudent.

b Kannst du Gitarre ……pielen?

c Das Hähnchen ……meckt lecker.

d Wie buch……tabiert man das?

e Er ……pricht sehr gut Italieni…….

f Ge……ichte ist mein Lieblingsfach.

D Hören: Alltagssprache

D1 **16** **Was weißt du noch? Bring die Sätze in die richtige Reihenfolge und vergleiche.** → KB S. 71

- ( ) Jetzt hat Lisa keinen Fahrschein.
- ( ) Ein Kontrolleur kontrolliert die Fahrscheine.
- ( ) Lisa hat einen Fahrschein für die Frau.
- ( ) Eine Frau hat keinen Fahrschein.
- ( ) Ohne Fahrschein muss die Frau 70 € zahlen.
- (*1*) Lisa und Thomas sind im Bus.
- ( ) Der Kontrolleur will Lisas Fahrschein kontrollieren.

D1 **17** **Was passt? Ordne zu und ergänze dann die Dialoge.**

Ist jetzt alles ...	... sie sein.
Das kostet ...	... eine neue Karte kaufen?
Kann ich ...	... Sie, ...
Da muss ...	... in Ordnung?
Einen Moment, ...	... 7 Euro.
Entschuldigen ...	... bitte.

a
- ⊙ Kann ich deine Kinokarte sehen?
- ◆ Ja sofort. *Einen Moment, bitte.* Wo ist sie nur? Ich habe eine Karte, ganz sicher. Warten Sie bitte. .... Hier, bitte sehr.
- ⊙ Die Karte ist für das Annen-Kino, aber das hier ist das Zentral-Kino.
- ◆ Oh nein! ....
- ⊙ Ja, dort ist die Kinokasse.

b
- ⊙ Ich brauche schnell eine Karte.
- ◆ Hier bitte. ....
- ⊙ 7 €. So viel? Na gut, hier bitte.

c
- ⊙ ....
- ◆ Ja. Alles in Ordnung.
- ⊙ ...., wie heißt eigentlich der Film?

E Grammatik

du/Sie, dein/Ihr

E1 **18** **Was ist richtig? Ordne zu.**

- ( ) Kommst du heute Abend?
- ( ) Sind Sie Herr Huber?
- ( ) Was macht ihr heute Nachmittag?
- ( ) Kennen Sie die Museumsstraße?

E1 **19** **Schreib die anderen Formen: *du, ihr, Sie***

du	ihr	Sie (Singular)	Sie (Plural)
Bist du …?		Sind Sie Herr Huber?	Sind Sie Herr und Frau Huber?
Kommst du …?	Kommt ihr …?		
	Was macht ihr …?		
			Kennen Sie …?

E2 **20** **Wo sind die Eintrittskarten? Unterstreiche die richtigen Satzteile.**

- ⊙ Guten Abend. Haben Sie Ihre Eintrittskarten? | Habt ihr eure Eintrittskarten?
- ◆ Ja, natürlich. Maria, haben Sie | hast du die Eintrittskarten?
- □ Nein, die haben Sie | hast du.
- ◆ Entschuldige | Entschuldigen Sie. Warten Sie | Warte bitte einen Moment.
- ⊙ Kein Problem. Suchen Sie | Such nur Ihre | deine Karten.
- ◆ Vielleicht habe ich die Karten. Nein, Maria, Sie haben | du hast sie, ganz sicher.
- □ Und was ist das? Da sind sie doch! In Ihrer | deiner Tasche!

E2 **21** **Wer sagt was? Ordne zu und schreib die Imperative auch in der *Sie*-Form.**

◯ „Fahrscheinkontrolle. Zeig deinen Fahrschein, bitte."
„Fahrscheinkontrolle. Zeigen Sie Ihren Fahrschein, bitte."

◯ „Sehr gut. Schwimm jetzt noch 50 Meter."
....

◯ „Trink und iss doch noch etwas."
....

◯ „Bezahl jetzt das Essen, bitte."
....

◯ „Kauf schnell einen Fahrschein."
....

◯ „Trink ein Glas Wasser und lauf dann noch 100 Meter."
....

◯ „Nimm doch den Hamburger, der ist heute besonders gut."
....

E2 **22** ***Sie, du* oder *Sie* und *du*? Schreib die Sätze in die richtigen Kreise.**

✪ Hallo. ✪ ~~Guten Tag.~~ ✪ Auf Wiedersehen. ✪ Entschuldigung. ✪ Entschuldigen Sie. ✪ Tschüs. ✪ ✪ ~~Entschuldige.~~ ✪ Was möchtest du? ✪ Wie geht es dir? ✪ Wie geht es Ihnen? ✪ ~~Guten Morgen.~~ ✪ ✪ Guten Abend. ✪ Kommen Sie bitte! ✪ Was möchten Sie? ✪ ~~Gute Nacht.~~ ✪ Komm doch! ✪

E2 **23** **Schreib Fragen zu den Bildern.**

„Entschuldige, ist / sind das dein / deine ...?

„Entschuldigen Sie, ist / sind das Ihr / Ihre ...?

a

b

c

d

E2 **24** **Schreib die Fragen in der *du*- und in der *Sie*-Form. Mach ein Interview mit deiner Lehrerin / deinem Lehrer.**

a	Geschwister – du – Hast?	Hast du Geschwister?	Haben Sie Geschwister?
b	deine – alt – sind – Geschwister – Wie?		
c	ist – Was – Lieblingsmusik – deine?		
d	du – Isst – gerne – Fast – Food?		
e	ist – Was – Lieblingsfilm – dein?		
f	du – Machst – Sport?		
g	Fußball – Wie – du – findest?		
h	du – ein – Instrument – Spielst?		
i	einen – machen – Kannst – du – Handstand?		
j	ein – Hast – Fahrrad – du?		
k	gerne – Tanzt – du?		
l	liest – Was – du – gerne?		

Finale: Fertigkeitentraining

25 Lies die Texte und ergänze die Tabelle.

Projektarbeit im Ausland

Naturschutz in Chile, Tierschutz in Mexiko oder ein Medizinpraktikum in Indien? Viele junge Menschen aus Europa machen für einige Zeit Sozialarbeit im Ausland. Sie wollen dort helfen und arbeiten für wichtige Projekte. Hier sind einige Beispiele:

Der Strand in Tecomán ist Michaelas Arbeitsplatz. In Mexiko sind die Meeresschildkröten in Gefahr. Michaela aus Dortmund arbeitet dort für ein Tierschutzprojekt. Sie markiert die Schildkröteneier am Strand und informiert die Menschen über die Schildkröten. In Mexikos Restaurants sind Schildkröteneier leider immer noch eine Spezialität.

Thomas arbeitet als Fußballtrainer in Ghana. Dort trainiert er eine eigene

Mannschaft. Die Jungen sind elf und zwölf Jahre alt und trainieren jeden Tag. Am Wochenende haben sie ein wichtiges Spiel. Thomas ist nervös, aber seine Spieler meinen: „Thomas, wir gewinnen sicher."

Christine ist Studentin in Hamburg. Sie will Ärztin werden. Aber im Moment macht sie ein Medizinpraktikum in Indien. Die Arbeit ist schwierig und am Abend ist Christine immer sehr müde. Aber sie mag ihre Arbeit. „Die Menschen hier sind so freundlich, und ich lerne viel für mein Studium und für meinen Beruf."

Sonja spricht sehr gut Spanisch. Deshalb arbeitet sie für ein Kinderprojekt in Bolivien. Die Kinder im Kindergarten sind vier und fünf Jahre alt. Viele haben keine Eltern mehr. In Dortmund hat Sonja zwei kleine Schwestern. „Deshalb finde ich die Arbeit hier nicht so schwierig", meint sie.

Übrigens: Die Jugendlichen bekommen kein Geld für ihre Arbeit. Aber sie finden ihre Arbeit interessant und wichtig.

	macht ein Praktikum/Projekt in ...	Tätigkeit
Michaela		
Thomas		
Christine		
Sonja		
Andreas		

 **Hör den Text und ergänze die Informationen über Andreas in der Tabelle in Übung 25.** 

Andreas kommt aus Hamburg. Er will Journalist werden und studiert Journalismus. Aber im Moment macht Andreas ein Sozialpraktikum in Sri Lanka.

Strategie – Vor dem Schreiben

Beim Schreiben kann der Lesetext oft helfen. Dort findest du Wörter und Sätze für deine Texte. Du musst die Sätze aber meist ein bisschen ändern.

Zum Beispiel:

Im Text steht: *Thomas arbeitet als Fußballtrainer in Ghana. Dort trainiert er eine eigene Mannschaft.*

Du schreibst:

Liebe Angelina,
du weißt, ich arbeite hier in Ghana als Fußballtrainer.
Ich trainiere hier meine eigene Mannschaft. ...

27 Schreib für Michaela, Thomas, Christine, Sonja oder Andreas eine Karte nach Hause.

Liebe ...,

ich bin hier in ...
Ich mache ... ich arbeite für ...
Ich finde die Arbeit ...

Liebe Grüße

Lernwortschatz

Nomen

Lieblingsplatz, der, ¨-e
Strand, der, ¨-e
Meer, das, -e
Grenze, die, -n
Dezember, der (Sg.)
Haus, das, ¨-er
Farbe, die, -n
Tier, das, -e
Foto, das, -s
Fahrkarte, die, -n
Nachmittag, der, -e
Straße, die, -n
Gesicht, das, -er
Telefon, das, -e
Problem, das, -e
Info, die, -s
(Information, die, -en)
Europatag, der, -e
Schulfest, das, -e
Quiz, das (Sg.)
Lösung, die, -en

Verben

brauchen
bringen
wollen
werden
passen
bekommen
kaufen
kosten
kontrollieren
los sein
anrufen

Adjektive

blau
ruhig
grau
schwarz
weiß
plötzlich
gefährlich
braun
lang
lila
gelb
rot
grün
orange
dunkel
zufrieden
lustig
müde
traurig
glücklich
nervös
wunderbar
arm
spät
einfach

andere Wörter

überall
nicht mehr
jetzt
später
ohne
ander-
lange
etwas
zu
viel
hier
immer
gerade
noch einmal
wirklich
zum Beispiel
leider

Wichtige Wendungen

höfliche Fragen stellen
Wie geht es dir?
Gut./Es geht (schon).
Wie bitte?
Entschuldigen Sie!
Entschuldige!
Danke schön!

Absichten ausdrücken
Wie viel willst du spenden?

jemanden begrüßen
Guten Tag.

Alltagssprache
Einen Moment bitte.
Ist jetzt alles in Ordnung?

Das kann ich jetzt ...

	... gut.	... mit Hilfe.	Das übe ich noch.
1 Wörter			
Ich kann zu den Themen sechs Wörter nennen:			
a Farben: *blau,*	○	○	○
b Gefühle: *zufrieden,*	○	○	○
2 Sprechen			
a Über Gefühle sprechen: *Wie geht es dir? Nicht so gut. Ich bin ...*	○	○	○
b Über Bedürfnisse sprechen. Sagen, was man will: *Er will ... Ich will ... Willst du auch ...? Wir wollen ...*	○	○	○
c *Sie* und *du* richtig verwenden: *Brauchen Sie Hilfe? Hast du heute Zeit? Ist das Ihre Tasche? Wohnst du hier?*	○	○	○
3 Lesen und Hören			
Die Texte verstehe ich:			
a Die Welle → KB S. 67	○	○	○
b „Hier ist ein Fahrschein für Sie!“ → KB S. 71	○	○	○
c Doktor Brehms Liebes-Hotline → KB S. 73	○	○	○
4 Schreiben			
Eine E-Mail zum Thema „Schulfest“.	○	○	○

Lektion **8**

Der Krimi fängt gleich an!

Text

A2 **1** **Was weißt du noch? Was steht im Text? Kreuze an und vergleiche.** → KB S. 75

a Jugendliche auf der ganzen Welt finden
- ☐ amerikanische Serien interessant.
- ☐ „Tool Time" gut.
- ☐ Serien aus Deutschland toll.

b In Deutschland können Jugendliche
- ☐ ca. 40 Fernsehserien sehen.
- ☐ nur Serien aus Deutschland sehen.
- ☐ keine Serien aus den USA sehen.

c Nur zehn Serien in Deutschland
- ☐ kommen nicht aus den USA.
- ☐ sind Serien für Jugendliche.
- ☐ kommen aus den USA.

d Die Schauspieler in den amerikanischen Serien
- ☐ sehen ähnlich aus und agieren ähnlich.
- ☐ sind in Deutschland sehr populär.
- ☐ sprechen und fühlen wie wir.

e Experten fragen, „Sind wir bald alle ...
- ☐ ... fernsehmüde?"
- ☐ ... Fernsehklone?"
- ☐ ... Schauspieler?"

Wortschatz und Grammatik

Fernsehsendungen

B1 **2** **Finde in der Welle acht Fernsehsendungen.**

nachrichtensendungkrimisportsendungfernsehseriedokumentationzeichentrickfilmtalkshowspielshow

B1 **3** **Lies die Programminformationen. Welche Sendungen aus Übung 2 sind das?**

Wer ist H. P.? Die Polizei braucht Hilfe. Aber auch Detektiv Braun weiß nicht weiter.

a ....

Heute Abend: Die Simpsons. Der Film.

b ....

„Was ist Ihre Lieblingsrolle?" Johannes Meister spricht mit Schauspielern und Schauspielerinnen.

c ....

Wer gewinnt die Million? Max, Silvia und Kurt haben noch Chancen.

d ....

Frankreich gegen Brasilien: Fußball heute Abend live.

e ....

Heute in „Die Welt": Alltag in China.

f ....

Informationen aus aller Welt, immer um 18:00 Uhr. Heute mit Sabine Weiß.

g ....

Ist Franziska wirklich Tims Mutter? Hat Sandro das Geld für das Hotel? Alle Antworten heute Abend um 20:00 Uhr.

h ....

B2 **4** **Ergänze die Formen von *sehen*.**

ich	sehe	wir	sehen
du		ihr	
er/es/sie/man		sie/Sie	

B3 **5** **Wer sieht was gern? Sieh die Tabelle an und ergänze dann die richtige Form von *sehen* und die Sendungen.**

	Walter	Bettina	Norbert	Herr Brandner
Krimis	☺	☹	☺	☹
Dokumentationen	☹	☹	☹	☺
Sportsendungen	☺	☺	☺	☺

a Walter und Norbert sehen gern Krimis.

b Walter und Bettina ……… gern ……….

c Norbert ……… gern ……….

d Norbert: „Ich ……… gern ………, du auch Bettina?"
Bettina: „Nein, ……… mag ich nicht."

e Walter: „……… du gern ………, Bettina?
Bettina: Ja, ich ……… gern Fußball und Tennis.

f Norbert: „……… Sie gern ………, Herr Brandner?"
Herr Brandner: „Nein, aber ……… und ……… mag ich."

Grammatik

Uhrzeit

C1 **6** **Ordne die Uhren zu und schreib die offizielle Uhrzeit.**

( ) Es ist fünf Uhr. ………

( ) Es ist drei vor halb eins. ………

(A) Es ist halb neun. Es ist acht Uhr dreißig.

( ) Es ist fünf vor acht. ………

( ) Es ist sieben nach halb zwölf. ………

( ) Es ist zehn nach sechs. ………

( ) Es ist Viertel vor drei. ………

( ) Es ist Viertel nach elf. ………

Lerntipp – Uhrzeit
Offizielle Uhrzeit: Zuerst nennst du die Stunde, dann die Minuten.
Inoffizielle Uhrzeit: Zuerst nennst du die Minuten, dann die Stunde.
⚠ Achtung: Die Wörter *Viertel*, *halb*, *vor* und *nach* sind wichtig!
Zum Beispiel:
Offiziell: *Es ist **neun** Uhr zehn.*
Inoffiziell: *Es ist zehn nach **neun**.*

C2 **7** **Hör zu, schreib die Uhrzeit auf und ordne die Situationen chronologisch.** 35

Situation	inoffiziell	offiziell
1	*Es ist zehn nach elf.*	*Es ist elf Uhr zehn.*
2		
3		
4		
5		
6		

Situation	
am Morgen:	
am Vormittag:	*1*
am Mittag:	
am Nachmittag:	
am Abend:	
in der Nacht:	

C2 **8** **Wann beginnen die Fernsehsendungen? Schreib sechs kurze Dialoge.**

17:15	Hör mal, wer da hämmert
17:50	Sportstudio: Rad-WM
18:35	Emmas Montag: „Warum kocht er nie?"
19:10	Heute. Nachrichten
19:45	Krimi: „Eine Frage zu viel."
21:20	Marokko: Reisedokumentation

- ⊙ Wie spät ist es?
- ◆ Es ist ……
- ⊙ Dann beginnt jetzt ……

- ⊙ Wann beginnt „Heute"?
- ◆ Um ……

⊙ ……

dürfen

C3 **9** **Ergänze die Tabelle.**

Ich	*darf*	*keine Krimis sehen.*
Du		
Er/Es/Sie/Man		
Wir		
Ihr		
Sie/Sie		

C3 **10** Ergänze die Sätze.

darf · darfst · dürfen · dürft

a .... du Krimis sehen?
b Ihr .... hier nicht Fußball spielen.
c Wir .... morgen faulenzen.
d Hier .... man nicht laut sprechen.
e Ich .... das Buch noch zwei Wochen haben.
f Christoph und Andreas .... morgen auch zur Party kommen.
g Alex .... noch zwei Stunden fernsehen.

C3 **11** Was darf man hier nicht?

~~laut sprechen~~ · Radio hören · schwimmen · Fußball spielen · essen und trinken · telefonieren · Rad fahren · Fotos machen

A *Hier darf man nicht laut sprechen.*
B ....
C ....
D ....
E ....
F ....
G ....
H ....

C3 **12** ***Dürfen, müssen, können*** **oder** ***wollen*****? Ergänze die Dialoge.**

a ⊙ .... du nach 23 Uhr fernsehen?
◆ Nein, nur am Wochenende.

b ⊙ Die Mathematikaufgabe ist wirklich schwierig.
◆ Ja, fragen wir Laura, sie .... gut rechnen.

c ⊙ Was .... du später werden, Philipp?
◆ Das weiß ich noch nicht, vielleicht Arzt.

d ⊙ Kommst du mit, Marcel? Wir spielen Fußball.
◆ Ich darf nicht. Ich .... noch die Hausaufgaben machen.

e ⊙ Wir spielen Basketball. Spielt ihr mit?
◆ Gerne, aber wir .... nicht gut Basketball spielen.

f ⊙ .... Jugendliche unter 16 Jahren Jurassic Park sehen?
◆ Ja, für Jurassic Park muss man 12 Jahre alt sein.

D Hören: Alltagssprache

D1 13 Was weißt du noch? Ergänze die Sätze und vergleiche. → KB S. 79

✪ schlafen ✪ Chips und Cola ✪ müde ✪ frei ✪ ✪ seine Lieblingsserie sehen ✪ zufrieden ✪ ✪ toll ✪ will nicht ✪ zu ✪ Billard ✪

Lara und Klaus gehen Billard spielen und dann in die Disco.

Peter kommt nicht mit. Er möchte **a** ....

Situation 1: Lara und Klaus sind nicht **b** ....: Kein Billardtisch ist **c** .... und die Disko ist **d** .... Sie kaufen **e** .... ein, und möchten mit Peter fernsehen.

Situation 2: Lara und Klaus finden Charlies Bar **f** .... Sie rufen Peter an, aber Peter **g** .... kommen. Er sagt, er kann nicht **h** .... spielen, er ist **i** .... und möchte **j** ....

D1 14 Was passt? Ordne zu und ergänze dann die Dialoge.

Sie sagt, ...	.... rufen Vera an.
schlafen ...	.... toll
Komm ...	... kannst du später.
Heute, morgen, ...	... übermorgen, jeden Tag.
echt ...	... sie kommt.
Kommt, wir ...	.... doch mit,

a ⊙ .... Vera, wir gehen schwimmen.
◆ Ach nein, ich bin so müde. Ich möchte schlafen.
⊙ Ach komm, ... Steh auf und komm mit!
◆ Später kommt meine Lieblingsserie im Fernsehen, „O.C., California."
⊙ Du kannst doch immer fernsehen. ....
◆ Nein, ich bleibe da.

b ⊙ ....
◆ Ja, gut. Hallo Vera, hier ist es .... Ja, das Wasser ist super und es sind nicht zu viele Menschen da. Okay. Bis später.
⊙ *Sie sagt, sie kommt.* „O.C., California" ist heute ziemlich langweilig.

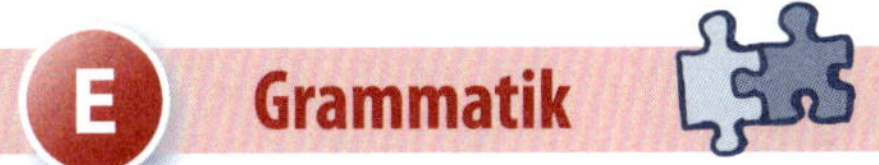

trennbare Verben

E1 **15 Ergänze die Sätze.**

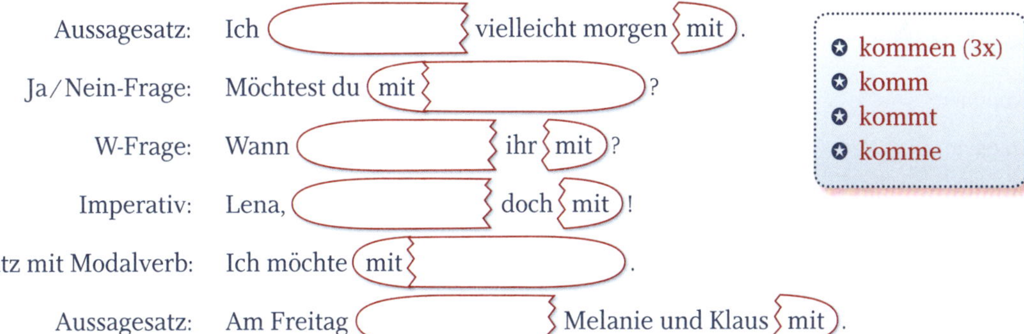

- kommen (3x)
- komm
- kommt
- komme

E2 **16 Was passt zusammen? Wie viele Verben kannst du finden? Schreib die Verben.** → KB S. 80

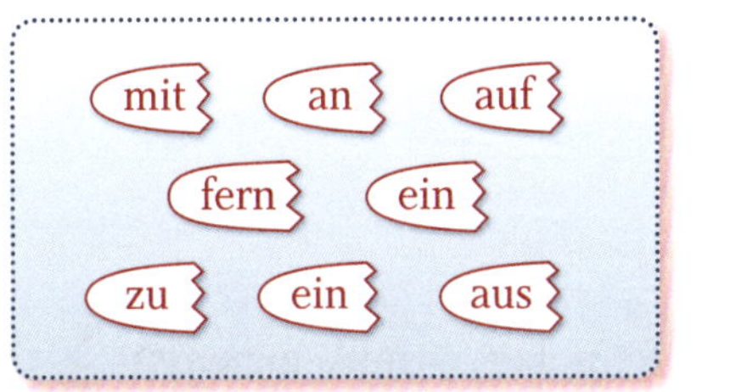

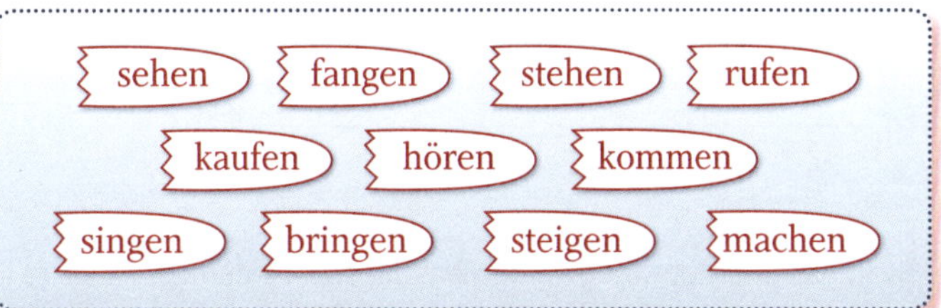

fernsehen, aussehen, ...

....

....

....

E2 **17 Welche Verben aus Übung 16 passen?**

a Hier ist Geld. Kannst du Brot und Milch ....?

b Der Bus fährt nicht weiter. Sie müssen hier ....

c Ich gehe nicht alleine. Du musst ....

d Da ist das Telefon. Kannst du Peter und Inge ....?

e Der Film ist langweilig. Ich möchte nicht mehr ....

f Es ist 20 Uhr. Der Film muss jetzt gleich ....

g Möchtest du wie Brad Pitt ....?

E2 **18** **Ergänze die Verben und ordne zu: Wer sagt was?**

A

B

C

C	*mitkommen:*	………… doch …………, Nicole. Wir gehen schwimmen.
☐	*einsteigen:*	………… Sie bitte schnell ………….
☐	*mitbringen:*	………… du Cola und Orangensaft für die Party …………, Tom?
☐	*nachsprechen:*	………… die Sätze …………, Walter!
☐	*anrufen:*	Komm, wir ………… Lena ………….
☐	*zuordnen:*	Bitte alle zuhören: ………… die Sätze ………… und schreibt die Antworten.
☐	*aufstehen:*	………… bitte …………. Hier musst du aussteigen.

E2 **19** **Conny findet heute alles langweilig. Sie chattet mit Freunden im Internet. Ergänze die Verben.**

CHAT

✪ fernsehen ✪ mitkommen ✪ mitbringen ✪ einkaufen ✪ anrufen ✪ aussehen ✪ mitspielen ✪

a
- Es ist so furchtbar langweilig. Was macht ihr denn?
- Wir ………… …………: Fußball.
- Fernsehen mag ich nicht und Fußball überhaupt nicht.

b
- Ich gehe heute ins Kino. ………… du …………?
- Kino mag ich heute auch nicht.

c
- Wir spielen Computerspiele, komm doch auch und ………… ein Spiel ………….
- Computerspiele finde ich blöd.

d
- Wir machen eine Shoppingtour, wir ………… für Stefans Party ………….
- Einkaufen mag ich nicht.

e
- Conny, ………… doch Manuel …………. Er wartet!!!
- Er muss noch weiter warten. Telefonieren mag ich heute überhaupt nicht.

f
- Ich habe eine neue Gitarre. Die ………… echt cool …………. Willst du sie sehen? Komm heute Abend. Wir können auch zusammen spielen: Gitarre und Keyboard. Vielleicht ………… Tobias auch ………….
- Nein, ich hab keine Lust.
- Heute ist wohl nicht dein Tag. Was magst du denn überhaupt?
- Chatten ist okay.

Aussprache

20 Hör zu. Was musst du ergänzen: *a, e, i, o, u* oder *ä, ü, ö*? 36

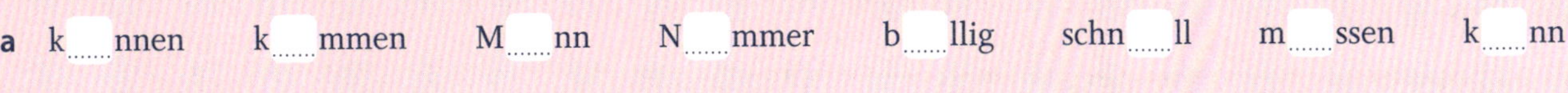

a k…nnen k…mmen M…nn N…mmer b…llig schn…ll m…ssen k…nn

b F…hne f…hlen w…hnen n…hmen …hr S…hn St…hl H…hnchen

c s…ß gr…ß Str…ße F…ßball

d dr…cken schr…cklich

21 Lang _ oder kurz . ? Hör die Wörter in Übung 20 noch einmal. Notiere, markiere und sprich nach.

können, ……………………………………………

……………………………………………

……………………………………………

……………………………………………

22 Lang oder kurz? Sieh die Wörter in Übung 20 noch einmal an. Wie heißen die Regeln? Kreuze an.

			_	.
a	a, e, i, o, u, ä, ü, ö + nn, mm, ll, ss, ...	→	☐	☐
b	a, e, i, o, u, ä, ü, ö + h	→	☐	☐
c	a, e, i, o, u, ä, ü, ö + ß	→	☐	☐
d	a, e, i, o, u, ä, ü, ö + ck	→	☐	☐

23 Lang oder kurz? Markiere, hör zu und kontrolliere.

Alles Liebe! Was passt? Wie geht es dir? überall Mittag Appetit Frühstück

Finale: Fertigkeitentraining

24 **Lies die Informationen über die drei Jungen, ergänze die Tabelle und finde die Antwort.**

Wie heißt der Junge? ....

Er mag Sportsendungen und ist ein guter Musiker. Er lebt in Leipzig.

Andreas' Familie wohnt in Leipzig. Seine Schule ist in Erfurt und er wohnt auch dort.

Lukas spielt ein bisschen Tennis, aber nicht sehr gut.

Georgs Schule ist in Leipzig, aber er wohnt in Jena.

Georg spielt sehr gut Fußball. Am Donnerstag und Freitag hat er Fußballtraining, am Wochenende spielt er bei der Meisterschaft.

Andreas spielt Basketball, Fußball mag er nicht so gern.

Lukas aus Leipzig spielt gut Gitarre. Er spielt in der Schulband.

Georg kann nicht singen, er kann auch nicht Klavier oder Gitarre spielen.

Lukas sieht nicht viel fern. Nur am Wochenende sieht er manchmal ein Fußballspiel.

Andreas mag Sportsendungen. Serien und Spielshows mag er nicht. Er sieht nicht oft fern, meistens am Wochenende.

Georg sieht gern fern. Er mag Sportsendungen, aber auch Krimis und Talkshows sieht er gern.

	Fernsehen	Sport	andere Hobbys
Georg			
Andreas			
Lukas			

25 Lies und schreib die Fragen.

Fernsehen in Deutschlands Familien

Fernsehen ist sehr wichtig für viele Familien in Deutschland. Durchschnittlich sehen die Deutschen 25 Stunden pro Woche fern. Sehr populär sind Spielshows wie „Wer wird Millionär" oder „Wetten, dass ...?"Aber die Deutschen sehen auch gerne Serien und Talkshows. Wir fragen Paul aus Dresden: Was sieht deine Familie gern im Fernsehen?

a siehst Paul Wie lange fern, du? *Wie lange siehst du fern, Paul?*

b du Was gern siehst? ....

c darfst am Abend fernsehen Wie lange du? ....

d deine Schwester darf fernsehen Wie lange? ....

e deine Schwester Wie alt ist? ....

f sehen deine Eltern fern Wie lange? ....

26 Hör zu und finde die Antworten zu den Fragen in Übung 25. 38

a ....

b ....

c ....

d ....

e ....

f ....

27 Schreib über deine Familie.

Mein Vater sieht .... fern.

Er sieht gerne ....

Meine Mutter ....

Meine Schwester ....

Mein Bruder ....

Mein ....

Strategie – Schreiben
Beginne nicht alle Sätze mit dem gleichen Wort.
Verwende Pronomen wie z.B. *er, sie* usw.
Beginne die Sätze nicht immer mit dem Subjekt.
So werden deine Texte interessant.
Zum Beispiel:
Mein Vater sieht oft fern. ***Er*** sieht gerne Sportsendungen.
Am Sonntag sieht ***er*** immer Krimis. **Krimis** mag ***er***.

Lernwortschatz

Nomen

Titel, der, – ....
(Fernseh-)Sendung, die, -en ....
Lieblingssendung, die, -en ....
Uhrzeit, die, -en ....
(Fernseh-)Programm, das, -e ....
Uhr, die, -en ....
Minute, die, -n ....
Deutschstunde, die, -n ....
Pause, die, -n ....
(Alltags-)Geschichte, die, -n ....
Wörterbuch, das, ¨-er ....
Schülerzeitung, die, -en ....
Stunde, die, -n ....
Freizeit, die (Sg.) ....

Verben

anfangen ....
dürfen ....
fernsehen ....
aussehen ....
fühlen ....
lachen ....
aufbleiben ....
mitkommen ....
einkaufen ....
zu Hause bleiben ....
bleiben ....
(keine) Lust haben ....
mitbringen ....
zeigen ....
einsteigen ....
aussteigen ....
aufmachen ....
zumachen ....
mitmachen ....

Adjektive

reich ....
kurz ....

andere Wörter

gleich ....
nach Hause ....
auf ....
ganz ....
circa ....
bald ....
alle ....
abends ....
morgens ....
Viertel vor / nach ... .
halb ....
echt ....
mit ....
pro ....

Wichtige Wendungen

Uhrzeiten angeben

„Akte X" beginnt um neunzehn Uhr dreißig.
In zehn Minuten fängt „Friends" an.

Über Fernseh- und Freizeitgewohnheiten sprechen

Ich finde „Friends" super / gut / langweilig.
Wir sehen immer am Wochenende fern.

Alltagssprache

Komm doch mit!
Echt toll!

Das kann ich jetzt ...

	... gut.	... mit Hilfe.	Das übe ich noch.
1 Wörter			
Ich kann zu den Themen sechs Wörter nennen:			
a Fernsehsendungen: *Krimis,*	◯	◯	◯
b trennbare Verben: *mitkommen,*	◯	◯	◯
2 Sprechen			
a Über Fernsehsendungen sprechen: *Was siehst du gern? Ich sehe gern ... Wir sehen gern ...*	◯	◯	◯
b Die Uhrzeit angeben: *Wie spät ist es? Es ist ... Wann fängt ... an? Um ...*	◯	◯	◯
c Über Verbote sprechen. Sagen, was man darf oder nicht darf: *Ich darf ... Darfst du ...? Wir dürfen ...*	◯	◯	◯
3 Lesen und Hören			
Die Texte verstehe ich:			
a Fernsehklone → KB S. 75	◯	◯	◯
b Komm doch mit, Peter! → KB S. 79	◯	◯	◯
c Fernsehmarathon → KB S. 81	◯	◯	◯
4 Schreiben			
Einen Artikel über Fernsehgewohnheiten.	◯	◯	◯

Test: Modul 2

Grammatik

Punkte

1 Ergänze die Formen von ***sprechen***, ***essen***, ***nehmen***.

✪ Sprichst ✪ ~~spreche~~ ✪ nimmst ✪ nehme ✪ Isst ✪ Esst

a ⊙ Was heißt „Namako"? ◆ Tut mir leid, ich *spreche* kein Japanisch.

b ⊙ .... du Deutsch? ◆ Ja, ein bisschen.

c ⊙ Ich nehme den Salat. Was .... du?

◆ Ich weiß noch nicht. Vielleicht .... ich auch den Salat.

d ⊙ .... du gerne Spinat? ◆ Nein, Spinat finde ich schrecklich.

e ⊙ .... ihr gerne Pizza? ◆ Ja, Pizza finden wir gut.

1 | 5

2 Was können die Personen, was können sie nicht?

a Ich *(+ Klavier spielen)* *kann Klavier spielen*, aber ich kann *(– Schach spielen)* *nicht Schach spielen*.

b Mein Bruder *(+ Rad fahren)* ...., aber er *(– schwimmen)* ....

c Christine und Andrea *(– singen)* ...., aber sie *(+ tanzen)* ....

2 | 4

3 Was sagt die Lehrerin? Schreib Sätze wie im Beispiel.

a den Text lesen: *Lies den Text.* *Lest den Text.*

b eine SMS schreiben: ....

c zuhören: ....

d die Sätze nachsprechen: ....

3 | 6

4 Am Kiosk. Ergänze die Sätze.

Michael: Schwester (Cola), Vater (Mineralwasser), Freund (Orangensaft)

Michael kauft *eine Cola* für *seine Schwester*, *ein Mineralwasser*

für .... *Vater* und .... für ....

Anna: Tante (Toast), Bruder (Hamburger), Onkel (Salat)

Anna kauft *einen Toast* für *ihre Tante*, ...

für .... und .... *Salat* für ....

4 | 12

5 Ergänze die trennbaren Verben.

✪ ~~aussehen~~ ✪ anfangen ✪ mitkommen ✪ aussteigen ✪ anrufen ✪

a Er *sieht* wie Leonardo di Caprio *aus*.

b ⊙ Wir gehen Billard spielen. .... du ....? ◆ Nein, es ist schon spät.

c Da ist die Schule. Tschüs. Ich .... hier ....

d ⊙ Wann .... das Fußballspiel ....? ◆ Um acht.

e Da ist ein Telefon. Kommt, wir .... Markus ....

5 | 4

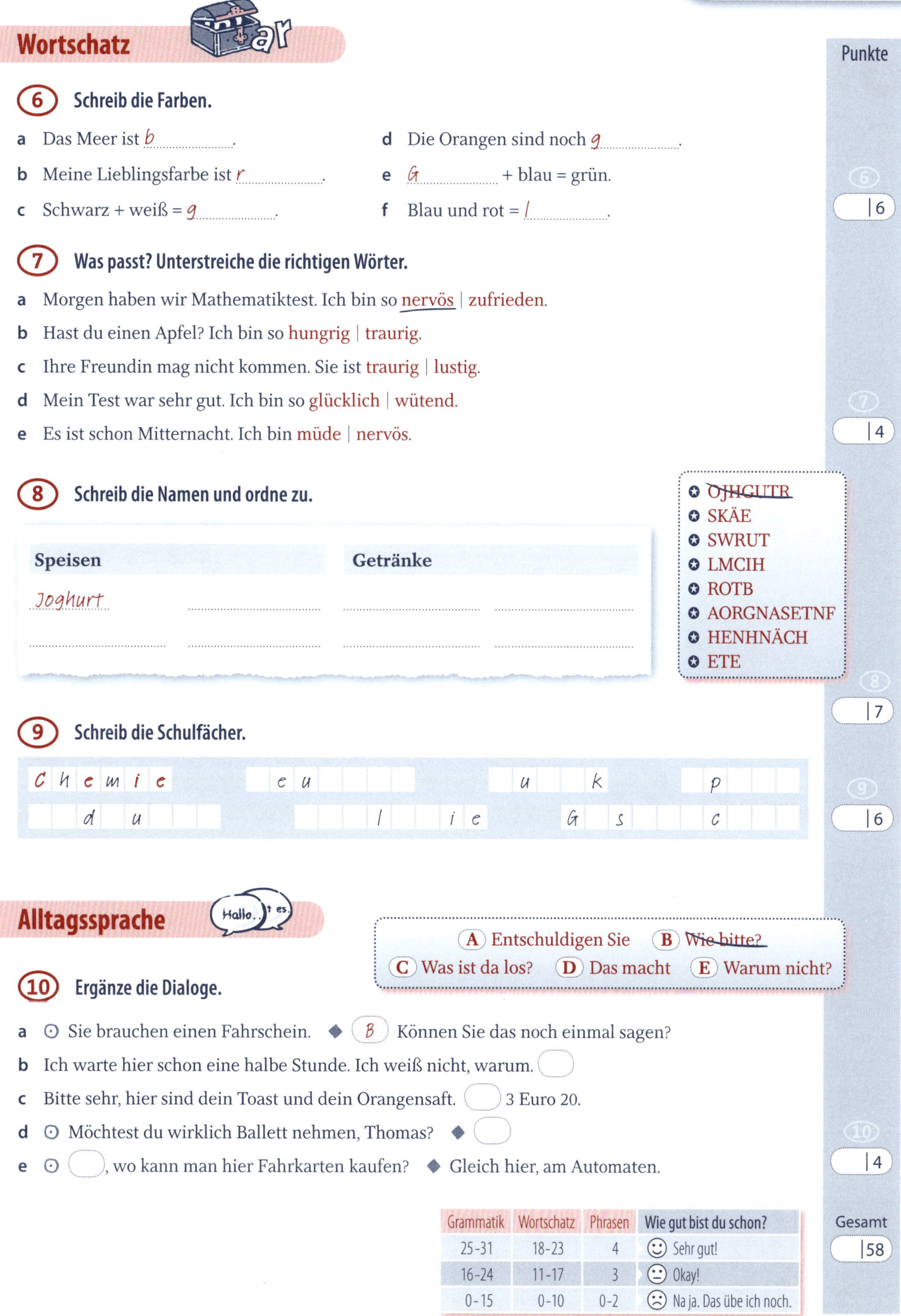

Wortschatz

Punkte

6 **Schreib die Farben.**

a Das Meer ist b........ .
b Meine Lieblingsfarbe ist r........ .
c Schwarz + weiß = g........ .
d Die Orangen sind noch g........ .
e G........ + blau = grün.
f Blau und rot = l........ .

|6

7 **Was passt? Unterstreiche die richtigen Wörter.**

a Morgen haben wir Mathematiktest. Ich bin so nervös | zufrieden.
b Hast du einen Apfel? Ich bin so hungrig | traurig.
c Ihre Freundin mag nicht kommen. Sie ist traurig | lustig.
d Mein Test war sehr gut. Ich bin so glücklich | wütend.
e Es ist schon Mitternacht. Ich bin müde | nervös.

|4

8 **Schreib die Namen und ordne zu.**

Speisen		Getränke	
Joghurt	....	....	....
....	....	....	....

- ~~OJHGUTR~~
- SKÄE
- SWRUT
- LMCIH
- ROTB
- AORGNASETNF
- HENHNÄCH
- ETE

|7

9 **Schreib die Schulfächer.**

C h e m i e · _ e u _ _ _ _ · _ u _ k · _ p _ _ _

_ _ d _ u _ _ _ · _ _ _ l _ _ i e · G _ s _ _ _ c _ _ _

|6

Alltagssprache

10 **Ergänze die Dialoge.**

(A) Entschuldigen Sie (B) ~~Wie bitte?~~ (C) Was ist da los? (D) Das macht (E) Warum nicht?

a ⊙ Sie brauchen einen Fahrschein. ◆ (B) Können Sie das noch einmal sagen?
b Ich warte hier schon eine halbe Stunde. Ich weiß nicht, warum. ( )
c Bitte sehr, hier sind dein Toast und dein Orangensaft. ( ) 3 Euro 20.
d ⊙ Möchtest du wirklich Ballett nehmen, Thomas? ◆ ( )
e ⊙ ( ), wo kann man hier Fahrkarten kaufen? ◆ Gleich hier, am Automaten.

|4

Grammatik	Wortschatz	Phrasen	Wie gut bist du schon?
25-31	18-23	4	☺ Sehr gut!
16-24	11-17	3	😐 Okay!
0-15	0-10	0-2	☹ Na ja. Das übe ich noch.

Gesamt |58

Lektion **9**

Wo ist das nur?

Text

A2 **1** **Was weißt du noch? Ergänze die Sätze. Welche Stadt passt?** → KB S. 90, 91

1 nach Gizeh	**6** im Schiffsrestaurant „Kleopatra“
2 auf dem Empire State Building	**7** im Mitsukoshi Shoppingcenter
3 den Ueno-Zoo	**8** auf dem Rathaus
4 im Maracanã Stadion	**9** die Sphinx und die Pyramiden
5 zur Freiheitsstatue	~~**10**~~ zur Christusstatue

a Fahren Sie mit der Zahnradbahn (10) auf dem Corcovado. Sehen Sie am Abend ein Fußballspiel ( ). Die Stadt heißt: ....

b Beginnen Sie Ihre Tour ( ). Fahren Sie mit dem Schiff ( ) auf Liberty Island. Die Stadt heißt: ....

c Fahren Sie mit dem Bus ( ). Dort sehen Sie ( ). Am Abend essen Sie ägyptische Spezialitäten ( ) direkt auf dem Nil. Die Stadt heißt: ....

d Beginnen Sie Ihre Tour ( ) im Shinjuku-Viertel. Kaufen Sie ( ) ein oder besuchen Sie ( ). Die Stadt heißt: ....

Tokio

New York

Rio de Janeiro

Kairo

Grammatik

Verkehrsmittel / Präpositionen mit Dativ: *mit, auf, vor, hinter, neben, zwischen*

B1 **2** **Finde zehn Verkehrsmittel. Schreib den Plural.**

Z	U	F	U	S	S	K	A	U	T	F
B	U	S	R	A	U	T	O	B	E	A
I	T	C	A	X	I	O	L	A	L	H
Z	A	H	N	R	A	D	B	A	H	N
U	X	I	U	-	B	A	H	N	I	G
G	I	F	A	H	R	R	A	D	N	U
L	N	F	L	U	G	Z	E	U	G	S

ß = SS

Schiff – Schiffe

....

....

....

....

....

....

....

....

....

B1 3 Ergänze die Tabelle.

Nominativ	Akkusativ	Dativ
der Bus	Ich nehme	Ich fahre mit
das Flugzeug	Ich nehme	Ich fliege mit
die U-Bahn	Ich nehme *die U-Bahn*	Ich fahre mit
die Fahrräder	Sie nehmen	Sie fahren mit

- dem Bus
- der U-Bahn
- den Bus
- ~~die U-Bahn~~
- den Fahrrädern
- dem Flugzeug
- das Flugzeug
- die Fahrräder

B1 4 Ergänze die Verkehrsmittel.

Ich fahre  .... Patrick fährt  ....

Veronika fährt  ....

Florian und Lisa fahren  .... und  ....

B1 5 Welche Verkehrsmittel nehmen die Personen? Schreib Sätze.

Marcel und Katja fahren ....
....
....

Nadine ....
....
....

Herr und Frau Berger ....
....
....

Lena und Lars ....
....
....

B2 6 Überall Fahrräder! Beschreibe das Bild.

auf ✪ vor ✪ hinter ✪ neben ✪ zwischen

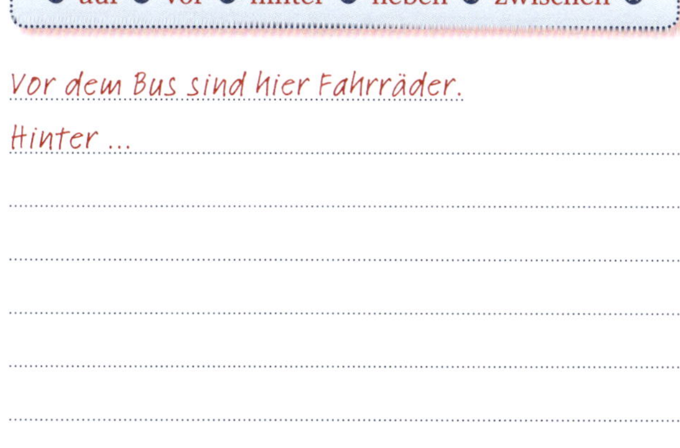

Vor dem Bus sind hier Fahrräder.
Hinter ... .
....
....
....
....
....

B2 **7** **Wo ist das nur? Hör die Dialoge, sieh die Bilder an und schreib Sätze.** 

a
Das Handy ist nicht ....,
es liegt *neben dem Stuhl*.

c
Das Auto ist nicht ....,
es ist ....

b
Die Pizzeria ist nicht ....,
sie ist ....

d
Die CD-ROM ist nicht .... und
nicht ....
Sie ist ....

B2 **8** **Vergleiche die beiden Bilder und schreib 10 Sätze.**

Der Computer steht ....
Der Stuhl ....
Die Bücher ....
Der Kugelschreiber ....
Die Lampe ....

Der Computer steht ....
Der Stuhl ....
....
....
....

C Wortschatz und Grammatik

Plätze in der Stadt / Präpositionen mit Dativ: *an (am), bei (beim), in (im)*

C1 **9** **Schreib die Orte zu den Bildern. Schreib auch die Artikel und den Plural.**

a *der Park, -s*

b ....

c ....

d ....

e ....

f ....

g ....

h ....

i ....

C2 **10** **Schau den Stadtplan an und ergänze die Sätze. Was ist wo?**

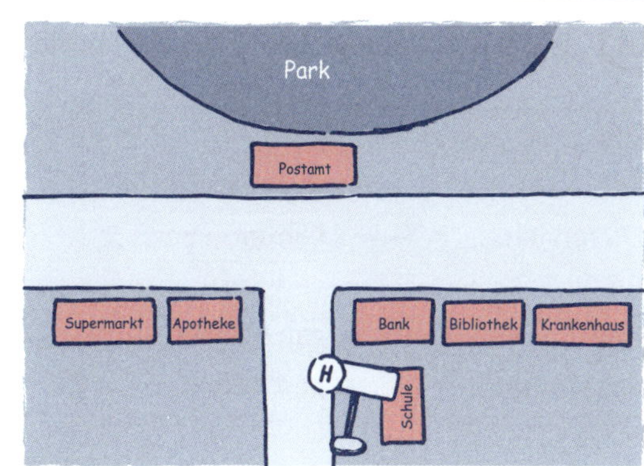

Das Krankenhaus ist neben der Bibliothek.

Der Park ist ....

Die Apotheke ist ....

Die Bibliothek ist ....

und ....

Die Haltestelle ist ....

C2 **11** **Gute Plätze für Skater. Ergänze *beim* oder *bei der*.**

bei der Schule	.... Bahnhof
.... Supermarkt	.... Rathaus
.... Fabrik	.... Fluss (auch: am)
.... Museum	.... Strand (auch: am)

C2 **12** **Wo sind die Personen? Hör zu und schreib die Orte *(im ... / in der ...)*.** 

✪ Diskothek ✪ Schule ✪ Krankenhaus ✪ Park ✪ Supermarkt ✪ Postamt ✪

Situation 1:	Situation 4: ....
Situation 2:	Situation 5: ....
Situation 3:	Situation 6: ....

D Hören: Alltagssprache

D1 **13** **Was weißt du noch? Unterstreiche die richtigen Wörter und vergleiche.** → KB S. 95

a Die Touristen möchten zum Eisenbahnmuseum | zum Sportplatz | zum Hotel Berger.

b Tobias und Sandra kennen das Museum | die Waldgasse | das Hotel Berger nicht.

c Das Museum ist in der Waldgasse | beim Bahnhof | beim Postamt.

d Die Waldgasse ist beim Hotel Albatros | beim Postamt | bei der Apotheke links.

e Die Touristen wohnen im Hotel Albatros | beim Bahnhof | im Hotel Berger.

f Die Touristen kommen vom Hotel Albatros | vom Hotel Berger | aus Italien.

D1 **14** **Was passt? Ordne zu und ergänze dann die Dialoge.**

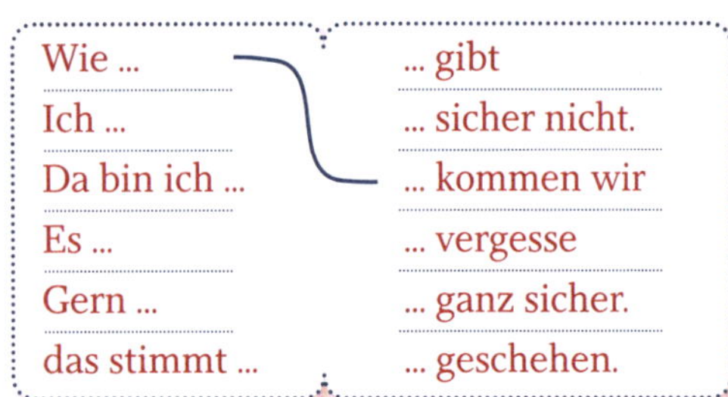

⊙ Entschuldige, wir suchen den Sportplatz. *Wie kommen wir* zum Sportplatz?
◆ Der Sportplatz ist in der Parkstraße.
⊙ Nein, **a** .... Der Sportplatz ist in der .... Ach, wie heißt die Straße? **b** .... die Adresse immer.
◆ Ihr möchtet zum Sportplatz in der Kirchenstraße. **c** .... hier nur einen Sportplatz. Dort ist die Kirchenstraße, aber auch die Parkstraße. **d** .... Ihr müsst hier geradeaus gehen, und bei der Apotheke nach links.
⊙ Vielen Dank.
◆ **e** ....

E Grammatik

Präpositionen mit Dativ: *zu, nach, von*

E2 **15** ***Wo?, Wohin?*** **oder** ***Woher?*** **Ergänze.**

a ⊙ .... möchten Sie? ◆ Wir möchten zum Stadttheater.
b ⊙ .... ist Peter? ◆ Er ist im Kino.
c ⊙ .... kann man hier gut Rad fahren? ◆ Am Fluss ist ein Radweg.
d ⊙ .... wohnst du? ◆ In Leipzig.
e ⊙ .... müssen wir jetzt gehen? ◆ Ich denke, wir müssen nach links.
f ⊙ .... kommt ihr? ◆ Wir kommen von der Schule.
g ⊙ .... kommen Julia und María? ◆ Sie kommen aus Spanien.
h ⊙ .... triffst du Kevin? ◆ Vor der Schule.
i ⊙ .... ist das Postamt? ◆ Neben der Schule.
j ⊙ .... ist die Party am Wochenende? ◆ Bei Paul.

E2 **16** **Wann muss Peter wohin?**

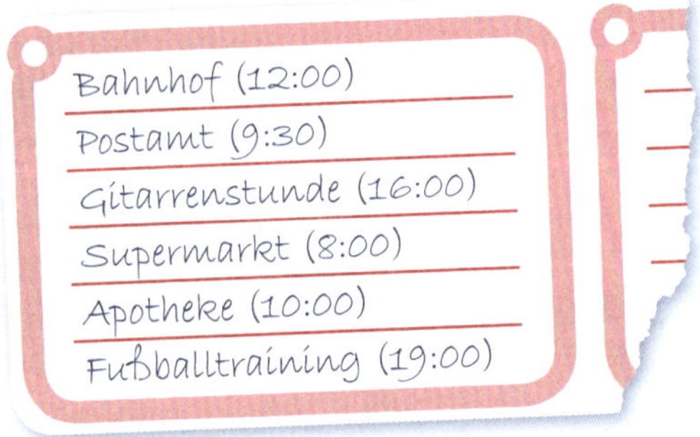

Am Morgen *muss er zum Supermarkt.*
Am Vormittag .... *und* ....
Am Mittag ....
Am Nachmittag ....
Am Abend ....

E2 **17** *Zu, zum, zur* oder *nach*? Setz die richtigen Wörter ein.

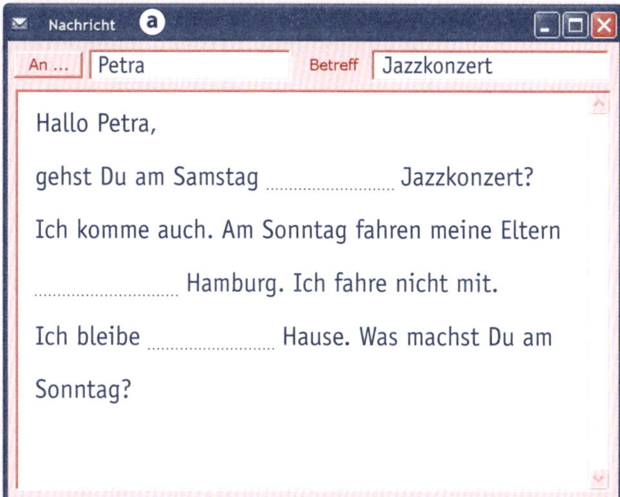
Nachricht a
An ... Petra Betreff Jazzkonzert

Hallo Petra,
gehst Du am Samstag .... Jazzkonzert?
Ich komme auch. Am Sonntag fahren meine Eltern .... Hamburg. Ich fahre nicht mit.
Ich bleibe .... Hause. Was machst Du am Sonntag?

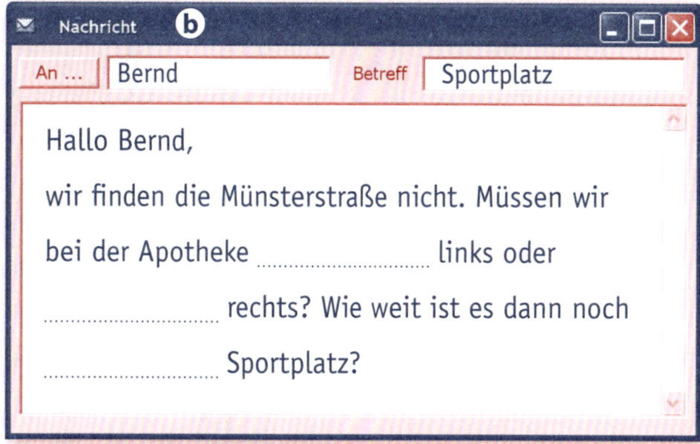
Nachricht b
An ... Bernd Betreff Sportplatz

Hallo Bernd,
wir finden die Münsterstraße nicht. Müssen wir bei der Apotheke .... links oder .... rechts? Wie weit ist es dann noch .... Sportplatz?

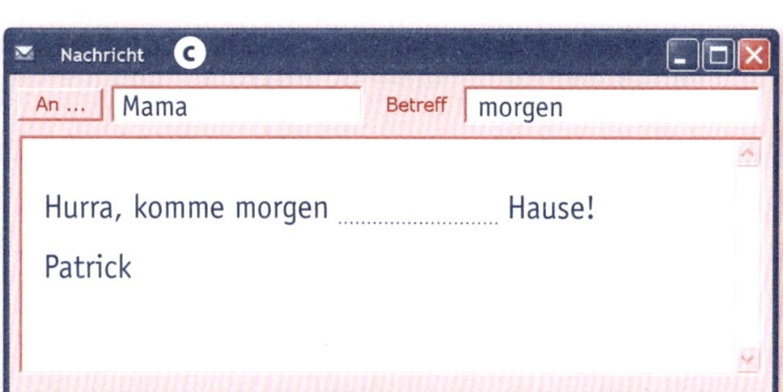
Nachricht c
An ... Mama Betreff morgen

Hurra, komme morgen .... Hause!
Patrick

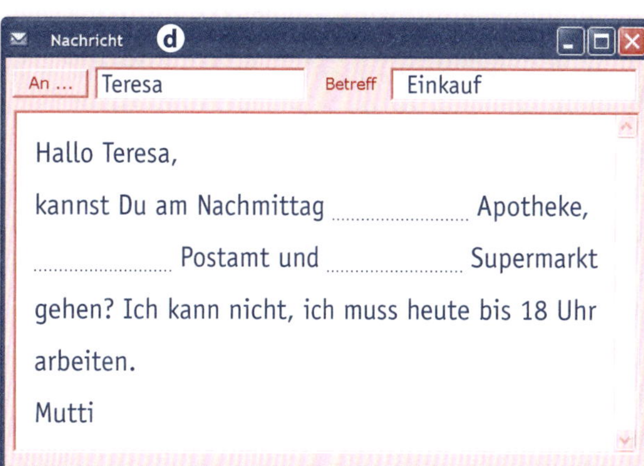
Nachricht d
An ... Teresa Betreff Einkauf

Hallo Teresa,
kannst Du am Nachmittag .... Apotheke, ... Postamt und .... Supermarkt gehen? Ich kann nicht, ich muss heute bis 18 Uhr arbeiten.
Mutti

E2 **18** Woher? Ergänze *aus*, *von*, *vom* und die Nomen.

✪ Schweden ✪ Fußballspiel ✪ ~~Fußballtraining~~ ✪ dem Haus ✪ dem Iran ✪ Georgs Geburtstagsparty ✪

a ⊙ Du siehst müde aus. Woher kommst du? ◆ Ich komme *vom Fußballtraining*.

b ⊙ Ich komme aus Deutschland, und du, Sven? ◆ Ich komme ....

c ⊙ Woher kommst du so spät? Es ist schon halb zwölf! ◆ Ich komme ....

d ⊙ Da wohnt Patrick. Ist er zu Hause? ◆ Ja, schau, er kommt gerade ....

e ⊙ Woher kommt ihr? ◆ ...., 4:1 für Freiburg, super!

f ⊙ Lejla spricht nur Persisch. Sie kommt ....

E2 **19** ***Von, nach, zum*. Schreib 10 Fragen und Antworten.**

⊙ *Wie weit ist es nach Eisenau?*
◆ *56 Kilometer.*

⊙ *Wie weit ist es vom Schwimmbad zum Tennisplatz?*
◆ *200 Meter.*

⊙ ……………………
◆ ……………………

⊙ ……………………
◆ ……………………

⊙ ……………………
◆ ……………………

⊙ ……………………
◆ ……………………

⊙ ……………………
◆ ……………………

⊙ ……………………
◆ ……………………

⊙ ……………………
◆ ……………………

⊙ ……………………
◆ ……………………

Lerntipp – Wortschatz
Zeichne Bilder oder Diagramme in dein Vokabelheft. So lernst du neue Wörter schneller.
Zum Beispiel:
auf

Mach auch Zeichnungen für diese Wörter:
vor neben hinter in über
zu/nach von/aus bei/an

E2 **20** **Die Touristen sind am Marktplatz. Wohin möchten sie gehen? Schau auf den Plan und ergänze den Dialog.**

⊙ Entschuldigung, wie kommen wir zum **a** *Bahnhof*?
◆ Gehen Sie geradeaus und beim **b** …………………… nach links. Der **c** …………………… ist neben der **d** …………………… .
⊙ Gibt es hier auch eine **e** *Apotheke*?
◆ Ja, die nächste **f** …………………… ist in der **g** …………………… . Gehen Sie geradeaus und nach der **h** …………………… nach rechts. Die **i** …………………… ist neben der **j** …………………… .
⊙ Vielen Dank!
◆ Gern geschehen.

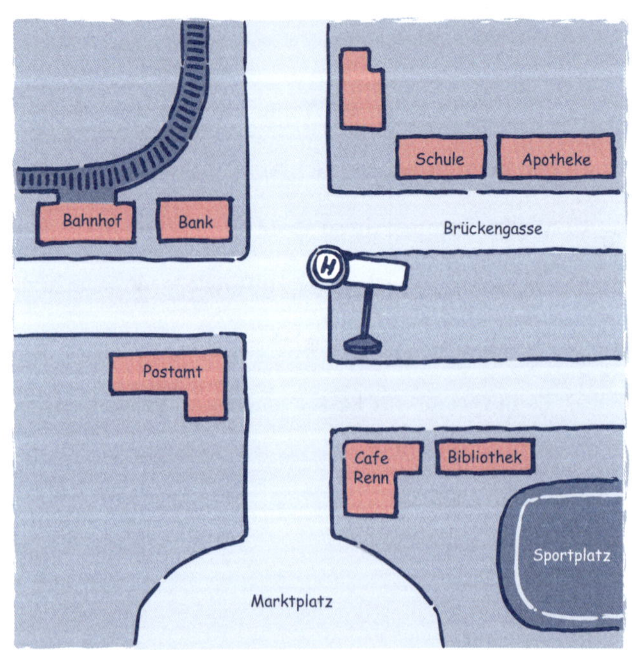

E2 **21** **Der Tourist möchte von der Schule zur Bibliothek, Patrick muss vom Bahnhof zum Sportplatz. Schau noch einmal auf den Plan in Übung 20 und schreib Dialoge.**

Tourist: *Entschuldigen Sie,* ....

Du: *Gehen Sie* ....

....

Patrick: *Entschuldige,* ....

Du: *Geh* ....

....

Aussprache

22 **Hör zu. Markiere zunächst den Wortakzent.** 41

Gehen Sie ... | Gern geschehen | Apotheke | neben | Schule
Bibliothek | Touristen | Fahrer | fahren

23 **Hör noch einmal und sprich nach.**
Achte auf den Buchstaben „e". Wo hörst du /e/, wo hörst du /ə/, wo hörst du gar nichts (/–/)? 41

/e/: *Gehen,* ....

/ə/: *Gehen,* ....

/–/: *Sie,* ....

24 **Regel: Wann spricht man /e/, /ə/ oder /–/? Kreuze an.**

	/e/	/ə/	/–/
Das „e" ist betont: Bibliothek	☐	☐	☐
Das „e" ist nicht betont: Fahrer	☐	☐	☐
Das „e" steht nach einem „i": Sie	☐	☐	☐

Finale: Fertigkeitentraining

25 **Lies die Texte und ergänze die Sätze.**

Heike mag eigentlich keine Fernsehserien. Aber die Serie „Der Landarzt" sieht sie doch manchmal. Heike wohnt in Arnis, und die Serie spielt in Heikes Heimatstadt. Arnis ist sehr klein: Die Stadt hat nur 350 Einwohner und liegt an der Schlei. Es gibt einige Restaurants in Arnis, aber nur ein Geschäft. Es gibt kein Kino und auch keinen Sportplatz, aber es gibt einen Strand, und die Ostsee ist nicht weit entfernt, nur 5 Kilometer. Mit dem Schiff sind es 15 Minuten zur Ostsee. Heike geht in Flensburg zur Schule, das ist 40 km von Arnis entfernt. In Arnis hat Heike nicht viele Freunde. Dort wohnen nicht sehr viele Jugendliche, aber das ist kein Problem für Heike: Sie chattet mit ihren Freunden am Computer.

Die Fernsehserie „Gute Zeiten – Schlechte Zeiten" spielt in Berlin. Das Café Mocca aus der Serie ist nur wenige hundert Meter von Björns Wohnhaus entfernt. **Björn** mag die Serie, und er mag auch Berlin. Es gibt so viele Geschäfte, Cafés und Restaurants in Berlin. Es gibt Theater, Kinos und 170 Museen. Björn wohnt im Zentrum von Berlin. Mit der U-Bahn braucht er nur wenige Minuten, und er ist im Sony Center am Potsdamer Platz. Dort ist auch Björns Lieblingsmuseum, das Filmmuseum.

a .... ist eine sehr kleine Stadt.

b .... und .... liegen in ....

c In Arnis gibt es kein .... und keinen ...., aber einen Strand.

d Das Meer ist nur .... von .... entfernt.

e .... fährt in .... oft mit der U-Bahn.

f .... fährt manchmal mit .... zur Ostsee.

g In .... hat .... nur wenige Freunde.

h Die Fernsehserie „...................................." spielt in Heikes Heimatstadt, die Serie „Gute Zeiten – schlechte Zeiten" spielt in ....

i .... muss jeden Tag eine Dreiviertelstunde .... fahren.

26 **In einer Millionenstadt oder lieber in einer Kleinstadt leben? Was ist positiv, was ist negativ? Sammle Ideen.**

	Positiv ☺	Negativ ☹
Arnis, 350 Einwohner	Strand, ...	kein Kino, ...
Berlin, 3,4 Millionen Einwohner	viele Geschäfte, ...	viele Autos, ...

Strategie – Vor dem Hören
Lies die Fragen zum Hörverstehen ganz genau.
Rate: Welche Wörter kommen vielleicht im Text vor?
Zum Beispiel:
Lies noch einmal deine Ideen in Übung 26.
Hör dann den Text.

27 **Hör die Interviews mit Björn und Heike. Was finden sie gut in Arnis und in Berlin, was finden sie nicht so gut? Ergänze Björns und Heikes Argumente in der Tabelle in Übung 26.**

Lernwortschatz

Nomen

Deutsche, der/die, -n
Interesse, das, -n
Freizeit, die (Sg.)
Weltstadt, die, ¨-e
Städte-/Ländername, der, -n
Million, die, -en
Millionenstadt, die, ¨-e
der Einwohner/die Einwohnerin
(Musical-) Theater, das, –
Garten, der, ¨
Rathaus, das, ¨-er
Vormittag, der, -e
Zoo, der, -s
(Stadt-)Zentrum, das, Zentren
U-Bahn, die, -en
Universität, die, -en
Platz, der, ¨-e
Park, der, -s
Bank, die, -en
Geschäft, das, -e
Apotheke, die, -n
Postamt, das, ¨-er
Bahnhof, der, ¨-e
Flughafen, der, ¨
Haltestelle, die, -n
Krankenhaus, das, ¨-er
Fabrik, die, -en
Supermarkt, der, ¨-e
Sportplatz, der, ¨-e
Diskothek, die, -en (= Disco, die, -s)
Kilometer, der, –
Uhrengeschäft, das, -e
Schwimmbad, das, ¨-er
Markt(-platz), der, ¨-e
Weg, der, e
Schulweg, der, -e
Meinung, die, -en
Altstadt, die, ¨-e

Verben

liegen
baden
spazieren gehen
fahren
fliegen
(Geld) wechseln
geben
geschlossen sein
vergessen

andere Wörter

eigentlich
einen Spaziergang machen
nach
direkt
(von) oben
zu Fuß gehen
vor
neben
über
zwischen
links
rechts
bei
weit
der/die/das nächste
ziemlich
geradeaus
nach rechts/links
zum/zur
woher
wohin
zweimal

Wichtige Wendungen

Ortsangaben machen

Bombay liegt in Indien.
Hier gibt es kein Museum.

nach dem Weg fragen

Entschuldigung, wie kommen wir zum Eisenbahnmuseum?
Wohin fährst du?

einen Weg beschreiben

Das Postamt ist neben der Bank.
Gehen Sie geradeaus und dann nach rechts.

grüßen

Willkommen in Berlin!

Alltagssprache

Da bin ich ganz sicher.
Das stimmt.
Das stimmt sicher nicht.
Gern geschehen.

Das kann ich jetzt ...

	... gut.	... mit Hilfe.	Das übe ich noch.

1 Wörter

Ich kann zu den Themen sechs Wörter nennen:

	... gut.	... mit Hilfe.	Das übe ich noch.
a Plätze in der Stadt: *Postamt*, ...	○	○	○
b Verkehrsmittel: *Bus*, ...	○	○	○
c Präpositionen: *neben*, ...	○	○	○

2 Sprechen

	... gut.	... mit Hilfe.	Das übe ich noch.
a Über Verkehrsmittel sprechen: *Nimmst du den Bus oder ...? Ich fahre mit ...* *Ich fliege mit ... Ich gehe zu Fuß.*	○	○	○
b Über Städte sprechen, Plätze in der Stadt beschreiben: *In ... gibt es ... Der Sportplatz ist neben ...* *Wie weit ist ... entfernt?*	○	○	○
c Nach dem Weg fragen, den Weg beschreiben: *Entschuldigen Sie, wo ist ... Wie komme ich zur ...?* *Gehen Sie geradeaus und beim Postamt nach links.* *Vom Postamt zur Apotheke braucht man ...*	○	○	○

3 Lesen und Hören

Die Texte verstehe ich:

	... gut.	... mit Hilfe.	Das übe ich noch.
a Vier Tage – vier Weltstädte → KB S. 91	○	○	○
b Das stimmt sicher nicht → KB S. 95	○	○	○
c Drei gewinnt → KB S. 97	○	○	○

4 Schreiben

	... gut.	... mit Hilfe.	Das übe ich noch.
Einen Text über deine Heimatstadt.	○	○	○

Lektion **10**

Glaubst du das?

Text

A2 **1 Was weißt du noch? Lies das Interview und ergänze.** → KB S. 98, 99

✪ China ✪ Qi ✪ erklären ✪ 349 ✪ Schmerzen ✪ 3000 ✪ Akupunkturpunkte ✪

⊙ Herr Doktor Pölling, Sie sind Spezialist für Akupunktur. Wie arbeiten Sie als Akupunkturarzt?

◆ Die Patienten erklären ihr Problem, dann suche ich die richtigen .... und stimuliere sie.

⊙ Warum stimulieren Sie Akupunkturpunkte?

◆ Wir Akupunkturärzte glauben, das ist gut für das .... im Körper.

⊙ Was ist Qi?

◆ Wir können Qi nicht ...., aber wir wissen, Akupunktur hilft. Viele Menschen haben nach der Akupunktur keine .... mehr.

⊙ Wie viele Akupunkturpunkte gibt es?

◆ Die Medizin in China kennt .... Akupunkturpunkte. Die Akupunktur kommt ja aus .... und ist schon .... Jahre alt.

B Wortschatz

Körperteile

B1 **2 Kannst du die Wörter lesen. Finde die Namen für die Körperteile und schreib sie mit Artikel an die richtige Stelle. Schreib auch den Plural.**

✪ Kopf ✪ Hals ✪ Arm ✪ Hand ✪ Finger ✪ Bein ✪ Fuß ✪ Zehen ✪ Brust ✪ Bauch ✪ Rücken ✪

B2 **3** *Sein* oder *ihr*? Was tut weh?

~~Kopf~~ · Hals · Bein · Bauch · Finger · Zehen

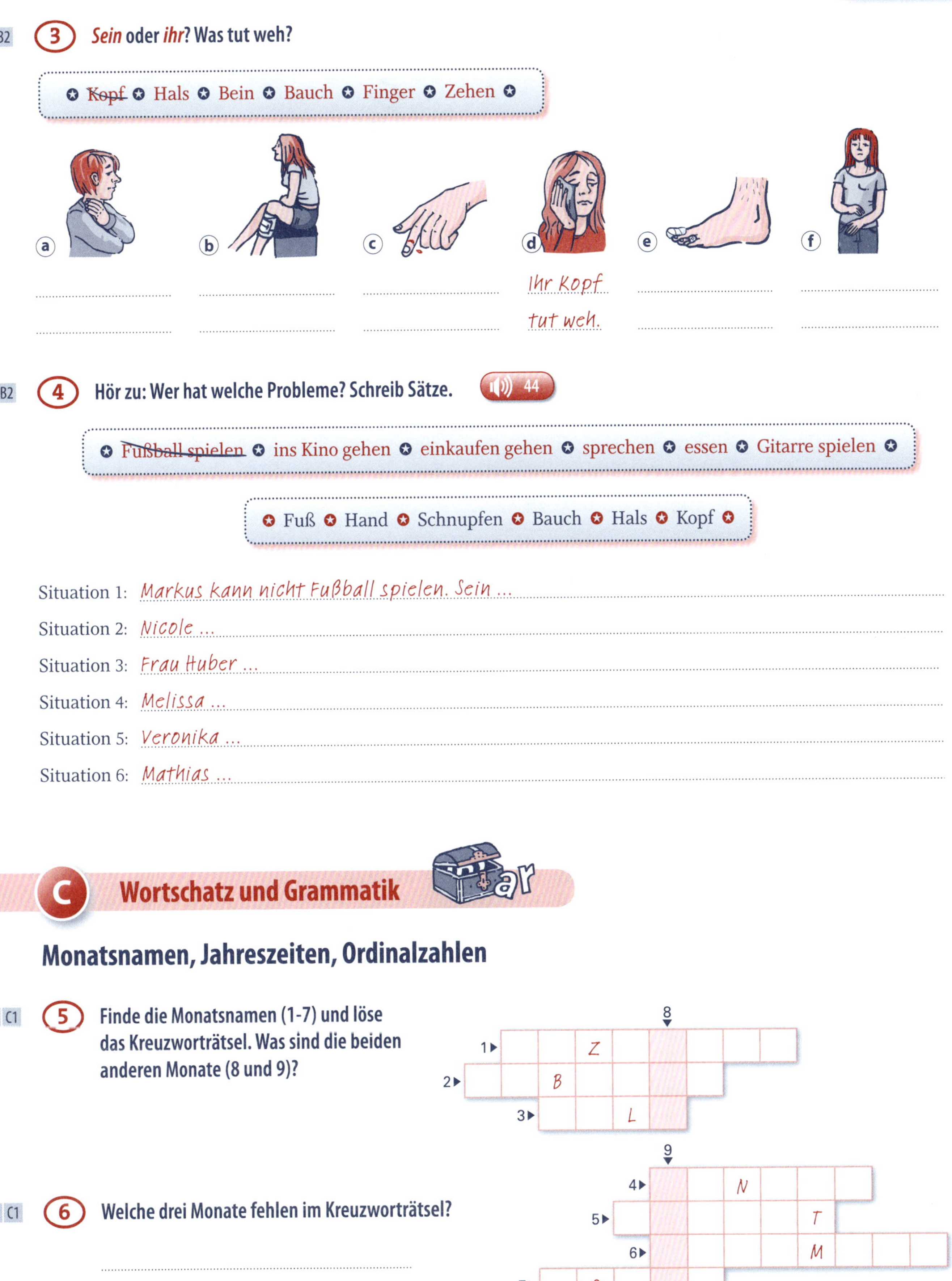

a) ....

b) ....

c) ....

d) Ihr Kopf tut weh.

e) ....

f) ....

B2 **4** Hör zu: Wer hat welche Probleme? Schreib Sätze. 44

~~Fußball spielen~~ · ins Kino gehen · einkaufen gehen · sprechen · essen · Gitarre spielen

Fuß · Hand · Schnupfen · Bauch · Hals · Kopf

Situation 1: Markus kann nicht Fußball spielen. Sein ...

Situation 2: Nicole ...

Situation 3: Frau Huber ...

Situation 4: Melissa ...

Situation 5: Veronika ...

Situation 6: Mathias ...

C Wortschatz und Grammatik

Monatsnamen, Jahreszeiten, Ordinalzahlen

C1 **5** Finde die Monatsnamen (1-7) und löse das Kreuzworträtsel. Was sind die beiden anderen Monate (8 und 9)?

C1 **6** Welche drei Monate fehlen im Kreuzworträtsel?

....

....

....

C2 **7** **Wie heißen die vier Jahreszeiten? Schreib die Namen.**

a O + N + D = ...

b A + M + J = ...

c J + F + M = ...

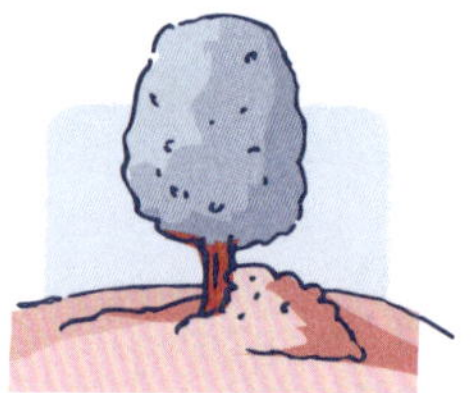

d J + A + S = ...

C2 **8** **Was machst du in den vier Jahreszeiten? Schreib für jede Jahreszeit einen Satz.**

Im Sommer bin ich oft im Schwimmbad.

Im Winter ....

....

....

C3 **9** **Wie heißt der Monat? Löse und ergänze die Rätsel.**

a Der vierte Buchstabe ist ein **u**, der sechste Buchstabe ist ein **t**: ....

b Der zweite Buchstabe ist ein **a**, der dritte Buchstabe ist ein **n**: ....

c Der dritte Buchstabe ist ein **v**, der achte Buchstabe ist ein **r**: ....

d Der erste Buchstabe ist ein **s**: ....

e Der .... Buchstabe ist ein ......, der .... Buchstabe ist ein ......: *A ri*

f Der .... Buchstabe ist ein ......,
der .... Buchstabe ist ein ......, der *dritte* Buchstabe ist ein *i*: ....

C3 **10** **Ergänze die Tabelle.**

5	*fünf*	*5.*	*der/die/das fünfte*
14	*vierzehn*		
			der/die/das zweite
1			
		3.	
42			
51			
	dreiundsechzig		
	sieben		

C4 **11** **Hör die Dialoge. Notiere Tag und Monat.** 45

a Klassenparty: 3. Mai.
b Melanies Geburtstag: ……
c Popkonzert: ……
d Herbstferien: ……
e Basketballspiel: ……
f Klassenarbeit: ……

C4 **12** **Schreib Sätze mit den Informationen aus 11.**

a Die Klassenparty ist am dritten Mai.
b ……
c ……
d Die Herbstferien beginnen ……
e ……
f ……

C4 **13** **Persönliche Fragen. Schreib die Antworten.**

Wann hast du Geburtstag? Am ……
Wann hat dein Vater Geburtstag? ……
Wann hat deine Mutter Geburtstag? ……
Wann hat dein bester Freund/ deine beste Freundin Geburtstag? ……
Wann beginnen die Ferien? ……

C4 **14** **Welches Wort passt?**

im ✪ am ✪ um

In meinem Land beginnt das Schuljahr **a** …… September. Die Schule beginnt jeden Tag **b** …… halb acht **c** …… Morgen. **d** …… Winter ist es da manchmal noch dunkel. Normalerweise haben wir jeden Tag sechs Stunden Schule, aber **e** …… Mittwoch haben wir **f** …… Nachmittag Sport. Ich bin meistens **g** …… zwei Uhr zu Hause, nur **h** …… Donnerstag habe ich **i** …… halb sechs noch Basketballtraining. Da bleibe ich **j** …… Nachmittag in der Schule. Ferien haben wir **k** …… Sommer, **l** …… Winter und **m** …… Frühling. Die Sommerferien beginnen **n** …… Juli, und dann haben wir acht Wochen frei.

Aussprache

15 **Hör zu und sprich nach.** 46

a Am‿Montag im‿Mai Und‿du? Wann hast‿du Geburtstag?
Ist‿das seine Party? Wann ist‿die Klassenarbeit? Kommst‿du mit‿dem Bus?

b im ||August am Wochen||ende um ||acht der ||erste ||elfte
am ||achten ||April Hans ||und ||Anna haben heute Geburtstag. Mein ||Arm tut weh.

16 **Ergänze ‿ oder ||. Hör zu und sprich nach.** 47

Hast ( ) du am ( ) Mittwoch Zeit? Im ( ) April haben wir acht ( ) Tage Ferien.
Was machst ( ) du am Wochenende? Wie ( ) alt bist ( ) du?

D Hören: Alltagssprache

D2 **17** **Was weißt du noch? Finde die acht Fehler und korrigiere die Sätze.** → KB S. 103

a Es ist ~~Mittwoch~~ Freitag, der Dreizehnte.

b Irene und Henriette gehen zum Supermarkt.

c Irene erzählt, ihr Handy war heute Morgen kaputt. Sie ist sicher, das bringt Unglück.

d Die Mädchen sehen einen Kaminkehrer. Auch das bringt Unglück, meint Irene.

e Irene sucht ihr Biologiebuch, aber sie kann es nicht finden. Heute ist ein Biologietest. Auch Henriette meint, der Tag wird kein Glückstag.

f Es ist noch genug Zeit, und die Mädchen laufen.

g Irene sieht ein Fahrrad nicht, aber Henriette ruft „Achtung!“ und Irene bleibt stehen. „Das war Glück!“, meinen die beiden.

D2 **18** **Was passt? Ordne zu und ergänze dann den Dialog.**

Das gibt ...	... Alex
Ja, ...	... ist los?
Achtung ...	... für ein Tag, Alex?
Laufen ...	... pünktlich sein.
Was ...	... es nicht.
Was ist heute ...	... wir!
Wir können noch ...	... und?

⊙ **a** ....

◆ Donnerstag. Donnerstag, der zwölfte Mai.

⊙ Alex, heute ist der zwölfte Mai!

◆ **b** ....

⊙ Heute ist das Popkonzert, es beginnt um 19:00 Uhr!

◆ Und jetzt ist es halb sieben. *Wir können noch pünktlich sein.*

⊙ Ja komm, **c** .... Ich möchte nicht zu spät kommen.

◆ Warte einen Moment.

⊙ **d** ....

◆ Die Karten. Gestern hatte ich sie noch. Jetzt sind sie weg.

⊙ Das auch noch!

◆ Wo sind sie nur? **e** .... Die Karten können nicht weg sein.

Warte, vielleicht sind sie in der Tasche. ... Ja, hier sind sie. Gut, laufen wir.

⊙ **f** .... das Auto!

◆ Das war Glück!

Lerntipp – Alltagssprache

Denk an verschiedene Situationen und mach kurze Dialoge. Du musst die Dialoge nicht schreiben.

Zum Beispiel:

„Laufen wir! Das Fußballspiel fängt gleich an."
oder: „Gehen wir. Es ist schon spät."

Wortschatz und Grammatik

Normale Tage – Unglückstage

E1 **19** **Am Morgen. Wann machen die Jugendlichen was? Ergänze die Tabelle und schreib Sätze.**

✪ aufstehen ✪ frühstücken ✪ schlafen ✪ Schwester wecken ✪ Kleider anziehen ✪ duschen ✪

	Lukas	Anna	Michael	Nadine
6:30 Uhr	a ...	schl ...	Sch ... w ...	schl ...
6:45 Uhr	fr ...	Kl ... an ...	d ...	schl ...
7:00 Uhr	Kl ... an ...	fr ...	Kl ... an ...	Kl ... an ...

Um sechs Uhr dreißig steht Lukas auf.

Um ...

...

...

...

E1 **20** **Der Unterricht beginnt um sieben Uhr dreißig. Wer von den Jugendlichen in 19 kommt vielleicht zu spät, wer kommt sicher zu spät?**

...

E1 **21** **Bus oder Zug? Vergleiche die Fahrpläne und ergänze den Text.**

Busfahrplan

Eisenau	Birkfeld	Oberwölz	Wölz	Neudau
6:10	6:30	6:50	7:00	7:10
6:20	6:40	7:00	7:10	7:20

Zugfahrplan

Birkfeld	Oberwölz	Wölz	Neudau
5:35	5:45	5:55	6:00
6:35	6:45	6:55	7:00

Christina wohnt in Eisenau. Sie muss um *6:45* in Oberwölz sein. Sie kann um ... den Bus von Eisenau nach Birkfeld nehmen. Der Bus kommt um ... Uhr in Birkfeld an. Dort kann sie den Zug nach Oberwölz nehmen. Der Zug fährt um ... in Birkfeld ab und kommt um ... in Oberwölz an.

E1 **22** **Wie können Sophie und Patrick fahren? Beschreibe den Weg.**

Sophie und Patrick wohnen auch in Eisenau.
Patrick muss um 7:00 in Wölz sein. (2 Möglichkeiten)
Sophie muss um 7:15 in Neudau sein. (2 Möglichkeiten)

- kann ... nehmen
- fährt ... ab
- kommt ... an

Patrick kann den Bus um .... *in* .... *nehmen.*

....

....

....

Präteritum von *sein* und *haben*

E1 **23** **Ergänze die Tabelle.**

	gestern, vor zwei Stunden	jetzt
ich		
du		
er/es/sie/man	*war*	*ist*
wir		
ihr		
sie/Sie		

E1 **24** **Was passt? Ergänze.**

a *(vor drei Tagen | heute)* .... ist der fünfte sechste, ... war der zweite sechste.

b *(Dienstag | Sonntag)*

⊙ Ist heute der fünfzehnte oder der sechzehnte?

◆ Heute ist Dienstag, ... war der dreizehnte, also ist heute ...., der fünfzehnte.

c *(vor zwei Stunden | halb zwei)* .... war es halb zwölf, jetzt ist es ....

d *(der März | der Januar und Februar)*

.... waren sehr schön, aber .... ist sehr kalt.

e *(gestern | morgen)* .... war der siebte Mai, ... ist der neunte.

f *(zehn vor vier | vor zehn Minuten)*

⊙ .... war es Viertel vor vier.

◆ Nein, deine Uhr geht fünf Minuten vor. Jetzt ist es ...., nicht fünf vor vier.

g *(elf Uhr | zehn Uhr)*

Um .... war das Kino aus. Jetzt ist es .... und sie sind noch nicht zu Hause.

h *(gestern | heute)* .... war das Museum zu, aber .... ist es offen.

E1 **25** **Ergänze die richtigen Formen von *sein*.**

⊙ Was **a** *ist* los, Irene?

◆ Mein Maskottchen **b** .... weg, vor fünf Minuten **c** .... es noch da, aber jetzt **d** .... es weg.

⊙ Wo **e** .... ihr gestern? Warum **f** .... ihr nicht auf der Party?

◆ Wir **g** .... zu Hause, wir **h** .... zu müde für die Party.

⊙ Das Foto **i** .... lustig. Da **j** .... du noch ziemlich klein. **k** .... das dein Maskottchen?

◆ Ja, ich denke, ich **l** .... fünf und das **m** .... mein Glücksschwein.

E1 **26** **Schreib die Fragen zu den Antworten.**

a *Wo warst du gestern um acht Uhr?*
Gestern um acht Uhr war ich im Bus zur Schule.

b *Wo* .... *?*
Am Sonntag war ich im Kino.

c *Wo* .... *?*
Gestern um halb zehn war ich im Bett.

d *Wo* .... *?*
Mein Freund und ich waren gestern Vormittag in der Schule.

E1 **27** **Schreib persönliche Antworten zu den Fragen in 26.**

a ....

b ....

c ....

d ....

E2 **28** **Ergänze die Tabelle.**

	gestern, vor zwei Stunden, ...	jetzt
ich		
du		
er/es/sie/man	*hatte*	*hat*
wir		
ihr		
sie/Sie		

E2 **29** Hör zu. Wo war Sandra gestern? Wo hatte sie ihr Maskottchen noch? Wo ist es jetzt? 48

✪ Bibliothek ✪ Schule ✪ Strand ✪ Postamt ✪ Park ✪ bei Nicole ✪ Supermarkt ✪ zu Hause ✪

Am Vormittag war Sandra in der Schule. Da hatte sie das Maskottchen noch.

Am Nachmittag war Sandra ....

Da hatte sie es ....

....

Am Abend ....

....

....

E2 **30** Ergänze die Antworten.

✪ ~~Fußballspiel~~ ✪ Unterricht ✪ Termine ✪ keine Zeit ✪ Bauchschmerzen ✪ Kinokarten ✪

a ⊙ Warum warst du gestern nicht auf der Party?
◆ Ich hatte ein Fußballspiel. Ich war auf dem Sportplatz.

b ⊙ Warum wart ihr gestern nicht beim Training?
◆ .... Wir waren im Kino.

c ⊙ Warum waren Sie gestern Nachmittag nicht zu Hause, Frau Huber?
◆ .... Ich war beim Arzt und auf der Bank.

d ⊙ Warum war Ihr Sohn Manuel heute nicht in der Schule, Frau Käfer?
◆ .... Er war den ganzen Tag im Bett.

e ⊙ Warum waren Sandra und Verena nicht im Schwimmbad?
◆ .... Sie hatten am Nachmittag Kunst.

f ⊙ Warum warst du gestern nicht beim Zahnarzt?
◆ .... , und ich hatte auch keine Zahnschmerzen mehr.

Finale: Fertigkeitentraining

31 **Lies die Briefe an Magdalena und ordne die beiden Antworten zu.**

Strategie – Beim Lesen

Schlüsselwörter (Wort) sind wichtige Inhaltswörter in einem Text. Lies den Text, such vier oder fünf Schlüsselwörter und unterstreiche sie. So kannst du schnell die wichtigen Informationen in einem Text finden.
Zum Beispiel:
In Text **a** sind mögliche Schlüsselwörter markiert.

Brauchst du Hilfe? Schreib an Magdalena!

a Liebe Magdalena,
ich glaube, ich sehe zu viel fern. Ich möchte eigentlich nicht fernsehen, aber die Nachmittage sind manchmal so langweilig, und dann sehe ich fern: vier, fünf, manchmal auch sechs Stunden. Ich bin dann am Abend sehr müde, aber ich kann nicht schlafen.
Roman

b Liebe Magdalena,
ich habe ein Problem: Ich komme immer zu spät. Ich möchte gern pünktlich sein, aber es geht nicht. Am Morgen stehe ich schon um sechs Uhr auf, aber ich bin immer zu spät in der Schule. Der Unterricht beginnt um acht. Auch beim Basketballtraining komme ich immer zu spät. Der Basketballtrainer und auch meine Freunde beim Basketball mögen das gar nicht.
Susanne

c Liebe Magdalena,
meine Eltern und ich wohnen jetzt in einer anderen Stadt. Ich bin sehr unglücklich. In meiner alten Schule hatte ich viele Freunde und der Unterricht war ganz anders. Jetzt bin ich oft traurig und allein. Ich möchte meine Freunde sehen und in meiner alten Schule sein.
Johannes

d Liebe Magdalena,
ich habe sehr oft Kopfschmerzen, meistens am Wochenende. Am Sonntag hatte ich ganz schreckliche Kopfschmerzen. Ich möchte keine Medikamente nehmen, aber ich weiß keine andere Lösung.
Carmen

1
Liebe ....,
viele Menschen haben Probleme mit ihren Terminen. Vielleicht hast Du zu viele Termine und kannst deshalb nicht pünktlich sein. Am Morgen bist Du dann vielleicht müde und brauchst sehr lange.
Deine Magdalena

2
Liebe ....,
ich kann Deine Situation gut verstehen. Vielleicht kannst Du mit den alten Freunden am Computer chatten. Das kann helfen. Aber ich bin sicher, Du findest neue Freunde. Das braucht manchmal Zeit. Bleib nicht allein in Deinem Zimmer, geh zu Partys, geh zum Sport, sprich mit den Nachbarn und mit den anderen Jugendlichen in der Schule. Sprich mit den Lehrern. Erkläre Deine Probleme mit dem Unterricht, sie verstehen das sicher.
Deine Magdalena

32 **Magdalenas Hotline: Tipps am Telefon. Was ist das Problem? Was sagt Magdalena? Hör zu und ordne die Sätze richtig zu. Nicht alle Sätze passen.** 49

a Nadine ist abergläubisch.
b Timo ist abergläubisch.
c Freitag, der Dreizehnte, ist in vielen Ländern ein Glückstag.
d Schwarze Katzen sind ein Glückssymbol.
e Nadine schreibt keine Klassenarbeit ohne ihr Maskottchen.
f Aberglaube bedeutet immer, man hat falsche oder verrückte Erklärungen für ganz normale Dinge.
g Freitag, der Dreizehnte, ist ein Problem für Timo.
h Timo braucht sein Maskottchen nicht wirklich.
i Ohne sein Maskottchen spielt Timo nicht Fußball.
j Nadine glaubt, ein kaputter Spiegel bringt Unglück.

Problem

....

....

Magdalenas Hilfe

....

....

33 **Schreib zwei Antworten zu den Briefen a und d in 31.**

Text **a** ✪ nicht fernsehen ✪ andere Dinge machen ✪ lesen ✪ Freunde treffen ✪ Sport machen ✪

Lieber Roman,

Du musst nicht unbedingt fernsehen. Du kannst ....

....

....

Text **d** ✪ schlafen ✪ Wasser trinken ✪ spazieren gehen ✪ zum Arzt gehen ✪ Akupunktur ✪

Liebe Carmen,

ich weiß, Kopfschmerzen sind furchtbar. Aber Du kannst ....

....

....

10

Lernwortschatz

Nomen

Kopfschmerz, der, -en ....
Kopf, der, ¨-e ....
(Akupunktur-)Punkt, der, -e ....
Schmerz, der, -en ....
Ende, das (Sg.) ....
Datum, das, Daten ....
Hals, der, ¨-e ....
Arm, der, -e ....
Hand, die, ¨-e ....
Bauch, der, ¨-e ....
Auge, das, -n ....
Rücken, der, – ....
(Körper-)Mitte, die (Sg.) ....
Bauchschmerzen, die (Pl.) ....
Januar ....
Februar ....
März ....
April ....
Mai ....
Juni ....
Juli ....
August ....
September ....
Oktober ....
November ....
Frühling, der, -e ....
Sommer, der, - ....
Herbst, der, -e ....
Winter, der, - ....
Ferien, die (Pl.) ....
Glück, das (Sg.) ....
Badezimmer, das, – ....
Jeans, die, – ....
Kleid, das, -er ....
Jacke, die, -n ....
Bluse, die, -n ....
Mantel, der, ¨ ....
Pullover, der, – ....
Bahnsteig, der, -e ....
Rucksack, der, ¨-e ....
Unterricht, der (Sg.) ....
Kiosk, der, -e ....
Fußballtraining, das, -s ....
Sporthalle, die, -n ....
Tür, die, -en ....
Büro, das, -s ....
Projekt, das, -e ....
Einladung, die, -en ....
Glückwunsch, der, ¨-e ....
Geburtstagsparty, die, -s ....
Spaß, der, ¨-e ....

Verben

helfen ....
wehtun ....
erklären ....
notieren ....
wiederholen ....
aufstehen ....
wecken ....
duschen ....
anziehen ....
frühstücken ....
abfahren ....
ankommen ....
einladen ....
wünschen ....

Adjektive

frei ....
langsam ....
kaputt ....
pünktlich ....
krank ....
(zu) laut ....
kalt ....
warm ....
dumm ....

andere Wörter

zuerst ....
gestern ....
bis ....

Wichtige Wendungen

Über Schmerzen/das Befinden sprechen

Wie geht es dir?
Gut/Schlecht.
Ich habe Kopfschmerzen.

Datumsangaben machen/Termine vereinbaren

Was ist heute für ein Tag?
Heute ist der zwölfte fünfte.
Ich brauche morgen einen Termin.

gute Wünsche
Herzlichen Glückwunsch zum Geburtstag!

Alltagssprache
Ja, und?
Laufen wir!
Was ist los?
Das gibt es nicht.
Achtung!

Das kann ich jetzt ...

	... gut.	... mit Hilfe.	Das übe ich noch.
1 Wörter			
Ich kann zu den Themen sechs Wörter nennen:			
a Körperteile: *Kopf,*	○	○	○
b Tagesablauf: *wecken,*	○	○	○
2 Sprechen			
a Schmerzen lokalisieren. Gesundheitstipps geben: *Mein Kopf tut weh. Ich habe Halsschmerzen. Nimm ..., das hilft.*	○	○	○
b Termine vereinbaren, das Datum angeben: *Guten Tag, ich brauche einen Termin ... Geht der erste vierte? Am ersten vierten kann ich nicht, da ... Wann ...? Am fünften Oktober.*	○	○	○
c Verstehensprobleme ansprechen: *Können Sie das bitte wiederholen? Sprechen Sie bitte langsam. Noch einmal bitte.*	○	○	○
d Tagesabläufe beschreiben: *Ich stehe um ... auf. Dann ...*	○	○	○
e Über Vergangenes berichten: *Gestern war ... Ich hatte ...*	○	○	○
3 Lesen und Hören			
Die Texte verstehe ich:			
a Nadeln gegen Kopfschmerzen? → KB S. 99	○	○	○
b Akupunktur ohne Nadeln → KB S. 100	○	○	○
c Das war Glück! → KB S. 103	○	○	○
d Ein Unglückstag → KB S. 104	○	○	○
e Was ist Paraskavedekatriaphobie? → KB S. 105	○	○	○
4 Schreiben			
Wie war die Party? Eine E-Mail über ein Familienfest am Wochenende.	○	○	○

Wer hat das gemacht?

A Text

A2 **1 Was weißt du noch? Lies die Fragen und ordne die richtigen Antworten zu.** → KB S. 107

Wo lebt Jakob Mielke?	Kornkreisforscher
Wie sehen die Figuren in Jakob Mielkes Kornfeld aus?	Hundertfünfzig bis dreihundert.
Wie viele Kornkreise findet man jedes Jahr in England, Deutschland und Amerika?	Sie machen Kornkreise.
Was machen „hoaxer“?	Auf der Insel Rügen.
Was ist Jan Schochow von Beruf?	Es sind fünf große Kreise.
Was machen Kornkreisforscher?	Sie machen Fotos und kontrollieren die Kreise ganz genau.

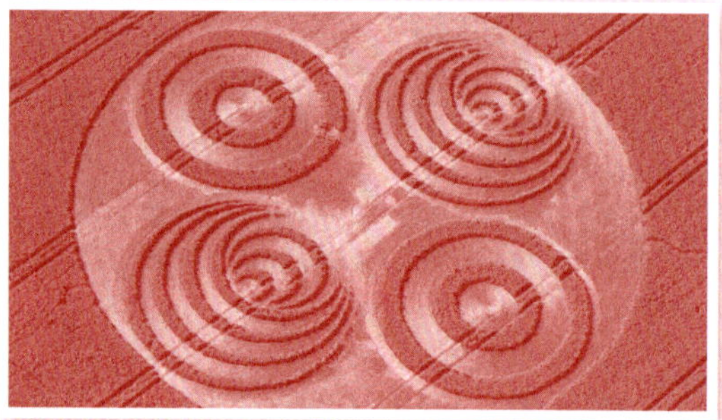

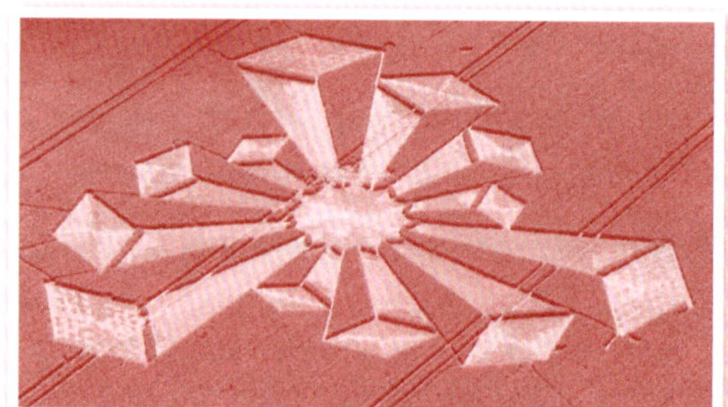

B Grammatik

Perfekt

B1 **2 Ergänze die Tabelle. Schreib das Perfekt.**

Infinitiv	Perfekt		Infinitiv	Perfekt	
sehen	ich habe	*gesehen*	essen	wir haben	
schlafen	du hast		lernen	ihr habt	
machen	er/es/sie/man hat		trinken	sie haben	
glauben	er/es/sie/man		hören	sie	

B1 **3** **Ergänze die Dialoge mit den Verben aus 2 im Perfekt.**

a ⊙ Guten Morgen! .... du gut ....? ◆ Ja, danke.

b ⊙ Was .... ihr gestern zu Mittag ....? ◆ Fisch und Salat. Es war sehr gut.

c ⊙ .... du gestern für den Biologie-Test ....? ◆ Nein, ich hatte keine Zeit. Aber heute fange ich an.

d ⊙ Ich habe so starke Kopfschmerzen. ◆ .... du genug Wasser ....? Wasser trinken hilft manchmal.

e ⊙ .... ihr gestern „Friends" ....? ◆ Nein, am Mittwoch sehen wir nie fern.

f ⊙ .... Manuel schon die Hausaufgaben ....? ◆ Ja, jetzt spielt er ein Computerspiel.

g ⊙ War Maria wirklich schon in China? Ich .... das nicht .... ◆ Doch, das stimmt.

B1 **4** **Bilde das Perfekt wie in den drei Beispielen.**

machen	*er hat gemacht*	suchen	....
glauben	*er hat geglaubt*	tanzen	....
lernen	*er hat gelernt*	faulenzen	....
sagen	....	boxen	....
zeigen	....	schmecken	....
üben	....	arbeiten	.... *gearbeitet*
spielen	....	kochen	....
zeichnen	....	fühlen	....
leben	....	lachen	....
warten	.... *gewartet*	hören	....
fragen	....	wohnen	....

B1 **5** **Finde den Infinitiv.**

geschlafen	*schlafen*	(hafsecln)
gelesen	....	(elesn)
gegessen	....	(eesns)
getrunken	....	(netrikn)
gesprochen	....	(sceperhn)
geschrieben	....	(cnsrhebie)
genommen	....	(hmneen)
gefunden	....	(dfienn)
gegeben	....	(begen)

Lerntipp – Grammatik

Regel: Die meisten Verben bekommen im Perfekt am Wortende ein *-t* (= „t-Verben"), z.B.: *lernen – hat gelernt*.

⚠ Einige wichtige Verben bekommen im Perfekt am Wortende ein *-en* (= „en-Verben"). Auch der Vokal ist bei den Verben oft anders, z.B.: *nehmen – hat genommen*.

Die „**en**-Verben" musst du besonders gut lernen!

B1 **6** **Unterstreiche die passenden Verben.**

a Ich habe Martina eine Karte gesprochen | geschrieben | gespielt.
b Hast du den Chemiekurs genommen | gelernt | gefragt?
c Meine Füße tun weh, ich habe die ganze Nacht gesagt | getanzt | gelacht.
d Mein Vater hat vier Jahre bei VW gearbeitet | gelesen | gewartet.
e Am Sonntag haben wir den ganzen Tag gefunden | gehört | gefaulenzt.
f Tom hat gegeben | gesagt | gefragt, er war im Sommer in Frankreich.
g Meine Schwester hat ein Bild gezeichnet | geschrieben | geübt.
h Vielen Dank, es hat gut getrunken | geschmeckt | gegessen.

B1 **7** **Ergänze die Sätze mit den passenden Verben aus 5 im Perfekt. Hör dann die Sätze von der CD.** 50

a Oh, wir haben keine Schokolade mehr. Du .... gestern die ganze Schokolade ...., Sven!
b Ich .... das ganze Wochenende .... Das neue Buch von Dan Brown war wirklich toll!
c ⊙ Wo wart ihr gestern um zwölf? ◆ Da .... wir am Kiosk eine Cola ....
d Anna ist müde. Sie .... gestern bis Mitternacht E-Mails ....
e Petra kommt heute zu spät. Sie .... nicht ihr Fahrrad, sondern den Bus ....
f ⊙ War Ivan aus Russland gestern auch auf der Party? ◆ Ja, und er .... sehr gut Deutsch ....

B1 **8** **Perfekt oder Präsens? Ergänze die Sätze.**

✪ ~~schreiben~~ ✪ finden ✪ üben ✪ trinken ✪ kochen ✪ leben ✪

a ⊙ *Hast* du das mit dem Computer *geschrieben*?
◆ Ja, ich schreibe meine Texte immer mit dem Computer.

b ⊙ .... du schon einmal Spaghetti ....?
◆ Nein, ich .... nie.

c ⊙ Morgen ist dein Konzert. Hast du viel ....?
◆ Ja, ich .... jeden Tag.

d ⊙ Wie lange habt ihr in England ....?
◆ Fünf Jahre, jetzt .... wir schon zwei Jahre in Österreich.

e ⊙ Hast du jetzt wirklich einen Liter Wasser ....?
◆ Ja, nach dem Training .... ich immer so viel.

f ⊙ Hast du dein Buch ....?
◆ Ja, ich .... immer, was ich suche.

B2 **9** **Ein Kornkreisforscher interviewt Frau Wollin. Schreib die Fragen.**

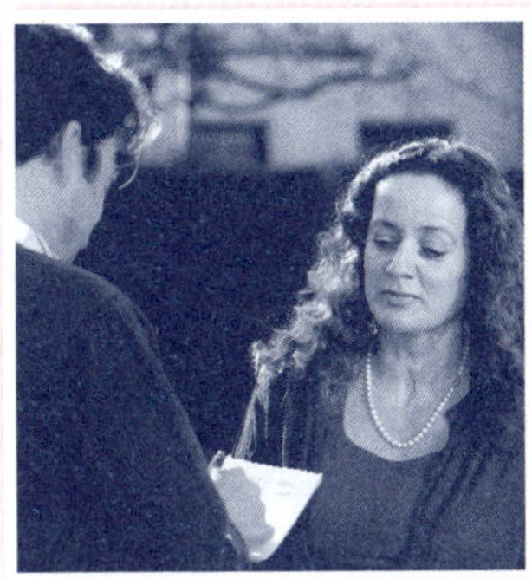

Kornkreisforscher: Frau Wollin, haben Sie gestern wirklich UFOs gesehen?
(UFOs Sie gestern sehen?)

Frau Wollin: Ja, da bin ich ganz sicher. Das waren UFOs.

Kornkreisforscher: **a** ....
(sehen Was genau Sie?)

Frau Wollin: Ich habe Licht gesehen. Um Mitternacht habe ich in Mielkes Feld Licht gesehen. Und da waren die Außerirdischen.

Kornkreisforscher: **b** ....
(die UFOs Sie auch hören?)

Frau Wollin: Nein, ich habe nichts gehört. Das war ja so seltsam. Ich habe die Außerirdischen gesehen, aber die UFOs habe ich nicht gehört.

Kornkreisforscher: **c** ....
(die Außerirdischen machen die Kornkreise?)

Frau Wollin: Das weiß ich nicht. Das habe ich nicht gesehen. Mielkes Feld ist sehr weit entfernt. Das kann man nicht genau sehen.

Kornkreisforscher: **d** ....
(machen Sie ein Foto?)

Frau Wollin: Nein, leider. Ich weiß, das war dumm, aber ich habe leider kein Foto gemacht.

Kornkreisforscher: Schade! Auf jeden Fall vielen Dank.

Possessivartikel (Dativ), *unser/euer*

B3 **10** **Was passt? Ergänze.**

✪ Hund ✪ Pferd ✪ Katze ✪ Felder ✪

a unser/euer Hund, ...
(auch: mein/dein/sein/ihr)

b unser**en**/eur**en** ....
(auch: mein**en**/dein**en**/sein**en**/ihr**en**)

c unser**e**/eur**e** ...., ...
(auch: mein**e**/dein**e**/sein**e**/ihr**e**)

d mit unser**em**/mit eur**em** ...., ...
(auch: mit mein**em**/dein**em**/sein**em**/eur**em**/ihr**em**)

e mit unser**er**/mit eur**er** ....
(auch: mit mein**er**/dein**er**/sein**er**/ihr**er**)

f mit unser**en**/ mit eur**en** ....**+n**, ...**+n**, ..., ...**+en**
(auch: mit mein**en**/dein**en**/sein**en**/ ihr**en**)

B3 **11** **Wer sagt was? Schreib Sätze und vergleiche.** → KB S. 108

✪ Veronika Wollin ✪ Jakob Mielke ✪ Edmund Mielke ✪ Maria Mielke ✪

„In meinem Kornfeld sind Kreise."

Jakob Mielke sagt, in seinem Kornfeld sind Kreise.

a „Ich habe nach dem Abendessen noch meine Hausaufgaben gemacht."

....

b „Unsere Tiere waren den ganzen Tag nervös."

....

c „Ich habe um sieben Uhr unser Abendessen gemacht."

....

d „Mein Korn ist kaputt."

....

e „Um halb zehn habe ich meinen Tee getrunken."

....

Wortschatz und Grammatik

Landschaft, Pflanzen, Tiere

C1 **12** **Finde die Wörter in der Spirale und ordne zu. Schreib die Artikel und den Plural.**

Tiere	Wetter	Pflanzen	Landschaft

C1 **13** **Tierische Probleme. Ergänze die Possessivartikel.**

Lieber Nachbar,

wir haben leider ein kleines Problem mit euren Tieren. Eure Tiere sind immer auf unserem Parkplatz, vor **a** u........ Haus und in **b** u........ Obstgarten. **c** E........ Katzen sitzen auf **d** u........ Auto, **e** e........ Hühner sind vor, hinter und manchmal sogar auf **f** u........ Haus, und letzte Woche war sogar **g** e........ Kuh in **h** u........ Garten. **i** U........ Gemüse und **j** u........ Obst sind weg. Hoffentlich hat **k** e........ Kuh keine Bauchschmerzen. Wir mögen **l** e........ Tiere. Aber **m** e........ Tiere mögen **n** u........ Garten etwas zu sehr. Und das mögen wir nicht. Wir müssen eine Lösung finden. Kommt doch morgen Nachmittag zum Kaffee, vielleicht so um drei?

Lotte und Paul

C1 **14** **Pauls Nachbar Matthias liest den Brief und berichtet seiner Frau davon. Was sagt der Nachbar? Schreib den Text neu.**

„Johanna, hör mal, da ist eine Nachricht von Lotte und Paul. Weißt du, was sie schreiben? Sie haben ein kleines Problem mit unseren Tieren. Unsere Tiere sind immer auf ihrem Parkplatz ....

D Hören: Alltagssprache

D1 **15** **Was weißt du noch? Ordne zu, schreib die Sätze richtig und vergleiche.** → KB S. 111

a Julia und Fabian ...	... „Was *shat* du wirklich *agetmhc*?“
b Gestern war Julia ...	... sie hatte um vier Uhr drei *rnfeAu*.
c Julia sagt, ...	... nicht beim *riTangni*.
d Alle Anrufe waren *ichtgwi*, ...	... spielen *lVleolaybl*.
e Sandra kommt ...	... deshalb war sie nicht beim Training
f Sie hatte Julias Handy ...	... und bringt Julias *nyaHd*.
g Fabian fragt Julia: ...	... in ihrer *sTchea*.

a *Julia und Fabian spielen Volleyball.*

b ....

c ....

d ....

e ....

f ....

g ....

D1 **16** **Ergänze die Sätze mit den sechs Wörtern im Kasten.**

aber ✪ sondern ✪ und ✪ deshalb ✪ dann ✪ oder

Julia **a** .... Fabian spielen Volleyball.

b .... gestern war Julia nicht beim Training.

Julia sagt, sie hatte um vier Uhr drei Anrufe.

Die Frage war: Telefonieren **c** .... trainieren?

Alle Anrufe waren wichtig, **d** .... war sie nicht beim Training.

e .... kommt Sandra und bringt Julias Handy.

Julia hatte gestern kein Handy, **f** .... Sandra hatte Julias Handy in ihrer Tasche.

D1 **17** **Was passt? Ordne zu und ergänze dann die Dialoge.**

Das war ...	... spricht und spricht.
Der Anruf ...	... sympathisch.
Ist dir ...	... war sehr wichtig.
Er spricht und ...	... das Spiel egal?
Ich finde Katja ...	... sehr schade.

a ⊙ Warum warst du gestern nicht beim Fußballtraining?
Wir haben ein Spiel am Wochenende. ....
◆ Nein, überhaupt nicht, aber ich hatte keine Zeit.
⊙ Du warst nicht da. Das war sehr schade.

b ⊙ Dein Telefon war gestern am Abend immer besetzt. Was war los?
◆ Ich hatte einen Anruf von Tom. Und du kennst Tom: ....

c ⊙ Gestern hatte ich drei Anrufe von Katja. Schrecklich!
◆ Warum? .... Du nicht?

d ⊙ Warum kommst du so spät?
◆ Tut mir leid, ich hatte einen Anruf. ....

E Grammatik

Perfekt mit *sein*

E1 **18** **Ordne die Sätze und Bilder zu.**

1 Nina fährt nach München.
2 Andreas ist nach Hause gekommen.
3 Nina ist nach München gefahren.
4 Tobias ist einkaufen gegangen.
5 Tobias geht einkaufen.
6 Andreas kommt nach Hause.

E1 **19** **Was haben diese Personen gerade gemacht? Schreib Sätze zu den Bildern.**

✪ laufen ✪ fliegen ✪ zu Hause bleiben ✪ schwimmen ✪

Lerntipp – Grammatik
Regel: Die meisten Verben bilden das Perfekt mit *haben*.
⚠ Einige wichtige Verben bilden das Perfekt mit *sein*. Die *sein*-Verben musst du gut lernen.

a Marcel ist geschwommen.

b Christina und Patrick

c Herr Müller

d Petra

E1 **20** **Ergänze die Tabelle.**

✪ ~~kommen~~
✪ ~~geschwommen~~
✪ fliegen
✪ laufen
✪ gekommen
✪ geblieben
✪ gehen
✪ gefahren
✪ fahren
✪ gegangen
✪ schwimmen
✪ gelaufen
✪ bleiben
✪ geflogen

	Perfekt	Infinitiv
		kommen
ich bin	geschwommen	
du bist		
er, es, sie ist		
wir sind		
ihr seid		
sie sind		

E1 **21** **„Gute" Fragen, „schlechte" Fragen. *Haben* oder *sein*? Was passt wo? Zeichne bei jeder Frage ☺, 😐 oder ☹.**

✪ für Chemie gelernt ✪ zum Training gegangen ✪ am Wochenende gefaulenzt ✪ die Hausaufgaben gemacht ✪ meinen Rucksack gesehen ✪ Abendessen gekocht ✪ gut geschlafen ✪ deinen Tee getrunken ✪ Nicoles Geschichte geglaubt ✪ zu spät gekommen ✪ alleine nach Berlin gefahren ✪ schon gefrühstückt ✪ zu Hause geblieben ✪ lange gearbeitet ✪

Hast du ...?

Bist du ....?

E2 **22** **Hör zu. Warum kommt Stefan so spät zu Tante Olgas Geburtstagsparty? Was hat er gemacht? Was sagt er? Ordne zu und schreib dann Sätze.**

~~Hausaufgaben machen~~ ✪ Biologie lernen ✪ Gitarre üben ✪ einkaufen gehen ✪ an der Haltestelle warten ✪ Geld suchen

14:00–16:00 Uhr: *Hausaufgaben machen*
Von zwei bis vier habe ich Hausaufgaben gemacht.

16:00–17:00 Uhr: ....

17:00–17:30 Uhr: ....

17:30–17:45 Uhr: ....

17:45–19:00 Uhr: ....

19:00–19:20 Uhr: ....

E2 **23** **Was hat Stefan wirklich gemacht? Schau die Bilder an und schreib Sätze.**

14:00 | 14:30 | 15:00 | 16:00 | 17:00 | 17:45 | 18:15

✪ Computerspiele spielen ✪ Comics zeichnen ✪ Lieblingsserie sehen, Chips essen und Cola trinken ✪ einkaufen gehen ✪ Musik hören ✪ schlafen ✪ Gitarre üben ✪

Um zwei Uhr ist Stefan ....

Aussprache

24 **Hör zu und sprich nach.** 

- Julian, ↗ was hast du gestern gemacht? ↘
  Julian, ↗ was hast du gestern gemacht? ↘
  Hast du Fußball gespielt, ↗ oder hast du Hausaufgaben gemacht? ↘
- Ich habe Computerspiele gespielt, ↗ und meine Lieblingsserie gesehen. ↘

25 **Markiere die Betonung und die Satzmelodie. Hör dann zu und sprich nach.** 

- Was habt ihr gestern gemacht? ◯ Was habt ihr gestern gemacht? ◯ Seid ihr zu Hause geblieben ◯ oder seid ihr einkaufen gegangen? ◯
- Wir waren in der Stadt, ◯ aber wir sind nicht einkaufen gegangen. ◯ Wir waren im Kino, ◯ und dann haben wir Eis gegessen. ◯

Finale: Fertigkeitentraining

26 **Lies den Zeitungstext. Kreuze dann an: Richtig oder falsch?**

Sie hatten große Augen und einen großen Kopf …

„Sie sind nach Mitternacht gekommen. Plötzlich war überall Licht. Das Licht war hell, sehr hell. Dann habe ich das UFO gesehen. Da waren fünf Außerirdische. Sie hatten große Augen und einen großen Kopf. Plötzlich war ich im UFO. Dort waren viele Maschinen. Die Außerirdischen sind näher gekommen, sie hatten lange Nadeln in den Händen. Es war furchtbar. Am Morgen hatte ich schreckliche Kopfschmerzen, und auf meinen Armen und Beinen waren dunkelrote Punkte." Adrian Weber erzählt seine Geschichte immer wieder. Viele Menschen erzählen ähnliche Geschichten. Ufos sind in der Nacht gekommen, die Außerirdischen haben sie geholt und haben Experimente gemacht. Die Außerirdischen in den Geschichten sehen alle ähnlich aus: Sie haben große Augen und einen großen Kopf. Sind die Geschichten real? Psychologen meinen, nein. Wir alle kennen die wichtigen Teile in den Geschichten: das Licht, das UFO, keine Hilfe, Experimente, ... Unsere Fantasie produziert die Geschichten und manche Menschen glauben, sie haben die UFOs wirklich gesehen.

		richtig	falsch
a	Adrian Weber sagt, er hat ein UFO gesehen.	◯	◯
b	Die Außerirdischen haben mit Adrian Experimente gemacht.	◯	◯
c	Die Situation war schrecklich für Adrian.	◯	◯
d	Die Menschen erzählen immer andere UFO-Geschichten.	◯	◯
e	Die Psychologen meinen, UFOs gibt es wirklich.	◯	◯

27 Hör das Radiointerview mit dem Medienexperten Robert Brunner und ergänze dann den Text.

✪ Im Radio ✪ 30% ✪
✪ UFOs und Außerirdische ✪
✪ im Film ✪ ein Hörspiel ✪
✪ keine Chance ✪
✪ nervös ✪ 1938 ✪

Strategie – Vor dem Hören
Lies die Aufgabe und den Text dazu gut durch. Was weißt du jetzt schon über den Hörtext? Was weißt du noch nicht? Finde W-Fragen zum Text: Wer? Was? Wo? Wann? Wie? Warum?
Zum Beispiel:
Lies den Text zum Hörtext und finde Fragen:
Wer war Orson Welles? Wann hat er gelebt? Wo ...?

UFOs in den Medien

a .... sind ein Thema in vielen Spielfilmen und Fernsehserien. Viele Menschen glauben an UFOs. Gibt es UFOs nur **b** .... oder gibt es sie wirklich? Das sind interessante und wichtige Fragen für viele Menschen. Im Jahr **c** .... haben viele Menschen in den USA geglaubt, Außerirdische attackieren New York. **d** .... haben sie eine Reportage aus New York gehört. Der Reporter war ganz **e** ....: „Marsmenschen sind in New York ... Wir haben **f** ...." hat er gesagt. Viele Menschen haben damals geglaubt, die Außerirdischen sind wirklich in New York. Das war natürlich falsch. Die Radioreportage war nur **g** .... von Orson Welles und der Radioreporter war nur ein Schauspieler. Aber auch heute glauben **h** .... der Menschen in Deutschland, UFOs und Außerirdische existieren.

28 Du hast etwas Seltsames gesehen oder gehört. Schreib eine E-Mail an einen Freund oder eine Freundin.

Nachricht

An ...

Betreff

Hallo ....,

gestern um .... habe ich .... gesehen/gehört.

Ich habe gerade .... gelernt/gegessen/...................., da habe ich es gehört/gesehen.

Es war .... laut/leise/hell/dunkel/vor dem Haus/im Haus/.................................... .

Ich habe geglaubt, es war .... Ich war sehr ....

Ich bin sicher, ...

....

....

....

11

Lernwortschatz

Nomen

Maschine, die, -n ....
Wetter, das (Sg.) ....
Insel, die, -n ....
Nacht, die, ¨-e ....
Licht, das, -er ....
Unsinn, der (Sg.) ....
Apfelsaft, der, ¨-e ....
Zettel, der, – ....
Mitternacht, die (Sg.) ....
Norden, der (Sg.) ....
Süden, der (Sg.) ....
Osten, der (Sg.) ....
Westen, der (Sg.) ....
Nachbarin, die, -nen ....
Wind, der, -e ....
Wein, der, -e ....
Pferd, das, -e ....
Sonne, die, -n ....
Wald, der, ¨-er ....
Baum, der, ¨-e ....
Regen, der (Sg.) ....
Kuh, die, ¨-e ....
Landschaft, die, -en ....
Pflanze, die, -n ....
Tasche, die, -n ....
Wiese, die, -n ....

Adjektive

furchtbar ....

andere Wörter

hoffentlich ....
unser / unsere ....
euer / eure ....

Wichtige Wendungen

über Ereignisse in der Vergangenheit sprechen

Hast du die Hausaufgaben gemacht?
Gestern um vier war unser Training.

Alltagssprache

Ist dir das egal?
Das ist / war sehr schade.

Das kann ich jetzt ...

	... gut.	... mit Hilfe.	Das übe ich noch.

1 Wörter

Ich kann zu den Themen sechs Wörter nennen:

	... gut.	... mit Hilfe.	Das übe ich noch.
a Landschaft und Pflanzen: *Baum, Feld,*	◯	◯	◯
b Tiere: *Kuh,*	◯	◯	◯
c Wetter und Himmelsrichtungen: *Norden, Sonne,*	◯	◯	◯

2 Sprechen

	... gut.	... mit Hilfe.	Das übe ich noch.
a Fragen über Vergangenes stellen:	◯	◯	◯

Hast du ...? Bist du ...? Wann hast du ...?
Wann bist du ...? Wer hat ...?

	... gut.	... mit Hilfe.	Das übe ich noch.
b Berichten, was jemand gehört und gesehen hat:	◯	◯	◯

Er hat ... Sie ist ... Sie haben ...

3 Lesen und Hören

Die Texte verstehe ich:

	... gut.	... mit Hilfe.	Das übe ich noch.
a Kornkreise → KB S. 107	◯	◯	◯
b Was hat die Nachbarin gesehen? → KB S. 108	◯	◯	◯
c Was haben die Mielkes gehört und gesehen? → KB S. 108	◯	◯	◯
d Wo genau sind denn eure Kornkreise? → KB S. 109	◯	◯	◯
e Was hast du wirklich gemacht? → KB S. 111	◯	◯	◯
f Wer hat das gemacht? → KB S. 113	◯	◯	◯

4 Schreiben

	... gut.	... mit Hilfe.	Das übe ich noch.
Wo warst du? Eine E-Mail über den Tag gestern.	◯	◯	◯

Das ist seltsam ...

Text

1 **Nils war mit seinen Eltern in den Ferien in Andalusien. Nun zeigt er Anja Fotos davon. Lies zuerst die Fragen. Ordne dann die Fragen richtig zu und ergänze die Antworten.** → KB S. 115

a Warum heißt das Haus „Geisterhaus“?
b Warum gibt es in Marias Haus Gesichter?
c Wohnt jemand in dem Haus?
d Was ist das für ein Haus auf dem Foto?
e Hatten die beiden keine Angst?
f Was hat sie dann gemacht?

✪ den Boden geputzt ✪ später ✪ an den Wänden ✪ ✪ ein Friedhof ✪ auf dem Küchenboden ✪ Geisterhaus ✪

- ( ) ◆ Das ist das .... in Belmez.
- (a) ◆ Man sieht in dem Haus Gesichter auf dem Boden und ....
- ( ) ◆ Ja, Miguel Gómez. Seine Mutter hat .... das erste Gesicht gesehen.
- ( ) ◆ Sie hat .... Das Gesicht war dann weg, aber es ist wieder gekommen. Später haben Maria und ihr Sohn noch mehr Gesichter gesehen.
- ( ) ◆ Am Anfang schon, aber .... nicht mehr.
- ( ) ◆ Experten haben drei Skelette unter dem Haus gefunden. Unter Marias Haus war früher ....

Wortschatz

Haus und Wohnung

2 **Ordne zu und schreib Sätze.**

In der ÜKCEH ...	... ist neben dem Badezimmer.
Im HONMRWZIME ...	... sehen wir fern.
Im BDA ...	... kochen wir.
Im INZIDKERMRME ...	... schlafen mein Bruder und ich.
Im LFRU ...	... sind unsere Mäntel und Schuhe.
Im CHSLERAMFZIM ...	... schlafen meine Eltern.
Die LTOITETE ...	... haben wir eine Dusche, aber keine Badewanne.

In der Küche ....

....

....

....

....

....

....

....

B1 **3** **Löse das Kreuzworträtsel.**

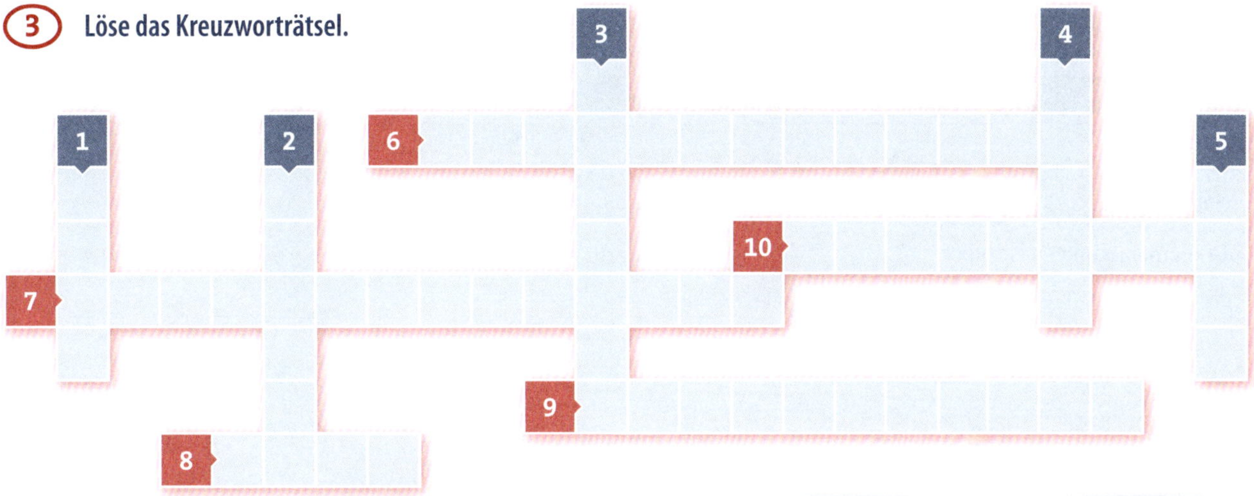

↓ 1 2 3 4 5

→ 6 7 8 9 10

Lerntipp – Wortschatz
Lerne Wörter in Gruppen. Zeichne dazu Mindmaps in dein Vokabelheft. Mindmaps helfen dir beim Vokabellernen.
Zum Beispiel:

SPIEGEL, BADEWANNE, BETT, SCHRANK, BAD, SCHLAFZIMMER, WOHNUNG, KÜCHE, WOHNZIMMER

B1 **4** **Hör das Gespräch zwischen Sophie und Viktoria. Sophies Zimmer sieht jetzt anders aus. Ergänze die E-Mail an Sophies Freundin Kathrin und zeichne Sophies Zimmer neu.** 

- mein Schrank
- mein Bett
- mein Schreibtisch
- das Sofa
- das Regal

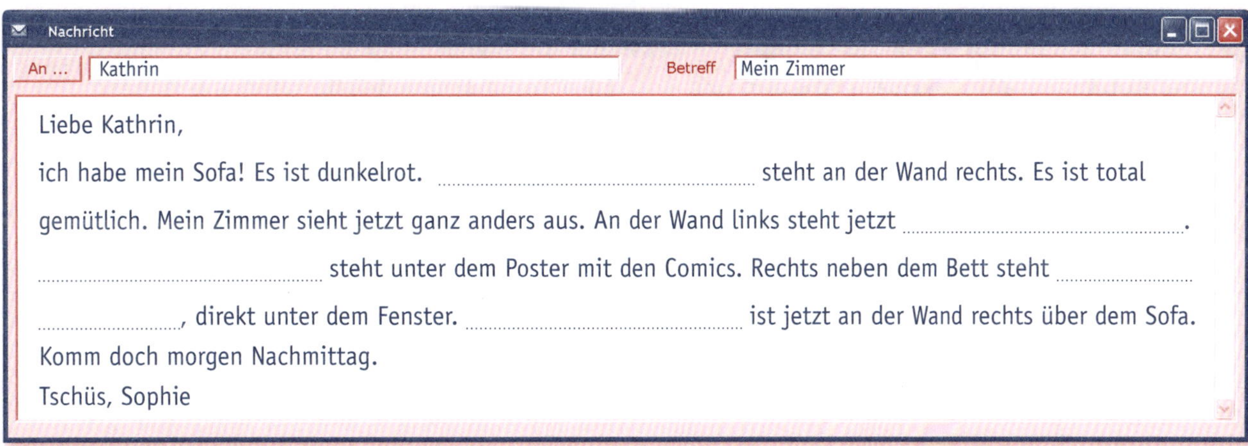
Nachricht

An ... Kathrin Betreff Mein Zimmer

Liebe Kathrin,

ich habe mein Sofa! Es ist dunkelrot. .... steht an der Wand rechts. Es ist total gemütlich. Mein Zimmer sieht jetzt ganz anders aus. An der Wand links steht jetzt .... steht unter dem Poster mit den Comics. Rechts neben dem Bett steht ...., direkt unter dem Fenster. .... ist jetzt an der Wand rechts über dem Sofa.

Komm doch morgen Nachmittag.

Tschüs, Sophie

B3 (5) **Schreib eine E-Mail an einen Freund oder eine Freundin. Beschreibe dein Zimmer. Was ist wo?**

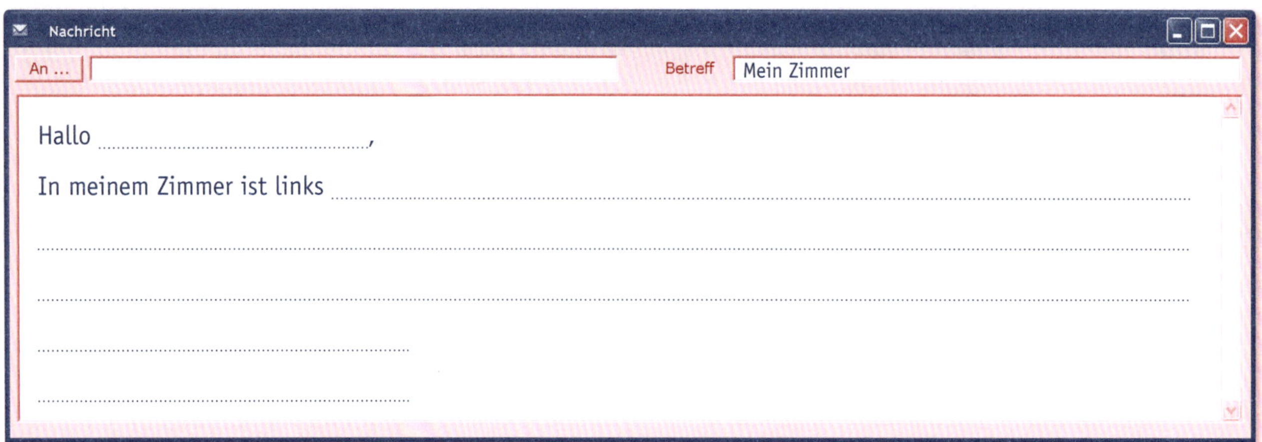
Nachricht

An ... | Betreff: Mein Zimmer

Hallo ....,

In meinem Zimmer ist links ....

....

....

....

....

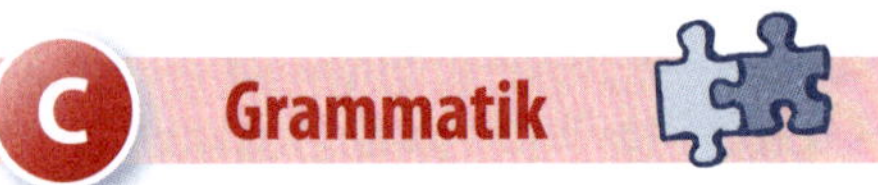

Wohin? in, an + Akkusativ

C1 (6) **Was kommt wohin? Ergänze die Artikel.**

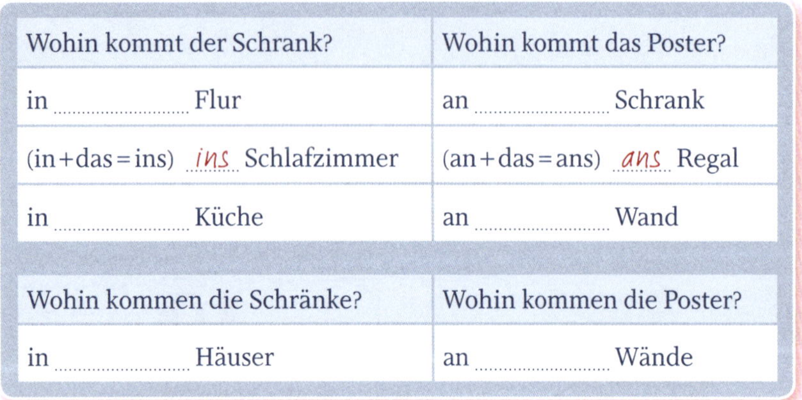

Wohin kommt der Schrank?	Wohin kommt das Poster?
in .... Flur	an .... Schrank
(in + das = ins) *ins* Schlafzimmer	(an + das = ans) *ans* Regal
in .... Küche	an .... Wand

Wohin kommen die Schränke?	Wohin kommen die Poster?
in .... Häuser	an .... Wände

C1 (7) **Was soll wohin kommen? Schreib Sätze.**

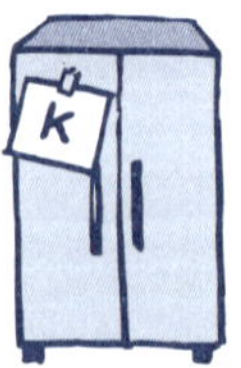

B	Bad
WZ	Wohnzimmer
SZ	Schlafzimmer
F	Flur
K	Kinderzimmer
Kü	Küche

Das Bett kommt ins Schlafzimmer.

....

....

....

....

C1 **8** **Ergänze die Dialoge.**

Schweiz (in) • Kino (in) • Berge (in) • Meer (an) • Park (in) • Stadt (in) • See (an)

a ⊙ Was machen wir heute Nachmittag?
◆ Gehen wir doch ……………………, es gibt einen neuen Brad-Pitt-Film.

b ⊙ Was machst du in den Ferien, Martin?
◆ Wir fahren nach Italien, …………………….

c ⊙ Du fährst doch am Nachmittag ……………………? Kann ich mitfahren? Ich treffe Nicole am Hauptplatz.

d ⊙ Gehen wir …………………… Fußball spielen?
◆ Ja, gut, warum nicht?

e ⊙ Mein Vater fliegt am Donnerstag …………………….
◆ Wohin genau?
⊙ Nach Zürich.

f ⊙ Am Wochenende wird das Wetter schön, wir können sicher baden. Fahren wir doch …………………….
◆ Nein, ich möchte lieber wandern. Fahren wir …………………….

Pronomen im Dativ *(mir, dir ...)*

C2 **9** **Ergänze die Tabelle.**

dir • ihr • ihm • Sie • wir • euch • mir • ihnen

Nominativ	ich	du	Julian	Mirella		ihr	Lukas und Tom	
Dativ					uns			Ihnen

C2 **10** **Ersetze die Namen durch Pronomen.**

a Tante Olga hat gesagt, du kannst bei *(Tante Olga)* ihr wohnen.

b Tobias und Teresa fahren am Wochenende an einen See. Kann ich mit *(Tobias und Teresa)* …………… mitfahren?

c Schau, Robert ist in Italien. Da ist eine Karte von *(Robert)* …………….

d Sarah spielt sehr gut Tennis. Ich möchte gerne einmal mit *(Sarah)* …………… spielen.

e Markus, du hast doch ein neues Computerspiel. Können wir das Spiel einmal bei *(Markus)* …………… spielen?

f Haben Sie auch „Double Dunk", Herr Kerner? Ich möchte das Spiel bei *(Herrn Kerner)* …………… kaufen.

g Johanna und Marcel, habt ihr am Samstag Zeit? Wir möchten mit *(Johanna und Marcel)* …………… ins Kino gehen.

C2 **11** **Hör zu. Wem gefällt welche Musik? Ergänze die Tabelle mit ☺ oder ☹?** 56

	Hip-Hop	Pop	Jazz	Klassische Musik
Nadine	○	○	○	○
Christoph	○	○	○	○
Philipp	○	○	○	○

C2 **12** **Welche Pronomen sind richtig? Unterstreiche sie.**

Nadine mag Hip-Hop. **a** Ihr | Mir | Dir gefällt aber auch Pop. Christoph und Philipp meinen: „Hip-Hop gefälllt **b** ihnen | uns | euch nicht." Christoph findet Bachs Musik gut. Philipp ist nicht sicher: **c** „Dir | Ihm | Mir gefällt klassische Musik, Christoph?" Philipp möchte mit Nadine ins Jazzcafé gehen. Nadine weiß, **d** dir | ihr | ihm gefällt nur Jazz, aber **e** mir | ihr | ihm gefällt Jazz nicht so gut. Christoph findet, Bachs Musik ist wie Jazz. Nadine muss alleine ins Konzert gehen. **f** „Ihnen | Euch | Uns gefällt ja nur Jazz!", meint sie.

C2 **13** **Was passt? Ordne zu.**

Sabrina mag keine Hosen, ...	... aber Berlin finden sie toll.
Krimis gefallen Sebastian nicht, ...	... aber die Stühle gefallen ihr.
Frankfurt gefällt meinen Eltern nicht so gut, ...	... ihr gefallen nur Kleider.
Spanien gefällt Michael nicht so gut, ...	... er mag nur Dokumentationen.
Den Schrank findet Melanie nicht so schön, ...	... aber klassische Musik mag sie nicht.
Rockmusik gefällt Christina gut, ...	... aber Griechenland mag er.

C2 **14** **Schreib die Sätze aus 13 neu.**

gefallen ≈ mögen ≈ etwas gut, schön, nett finden
Mir gefallen Kleider. / Ich mag Kleider. / Ich finde Kleider schön.

Sabrina mag keine Hosen, ihr gefallen nur Kleider.

Sabrina gefallen keine Hosen, sie mag nur Kleider.

oder: *Sabrina findet Hosen nicht so schön, sie mag nur Kleider.*

Welch- ...?

C3 **15 Ergänze die Fragen und schreib kurze, persönliche Antworten.**

a *Welche* Musik gefällt dir? ....
b *W*.......... Land gefällt dir besonders gut? ....
c *W*.......... Stadt gefällt dir? ....
d *W*.......... Film gefällt dir besonders gut? ....
e *W*.......... Lied gefällt dir? ....
f *W*.......... Popgruppe gefällt dir nicht? ....
g *W*.......... Fernsehsendung gefällt dir? ....
h *W*.......... Geschäfte gefallen dir? ....
i *W*.......... Sänger gefällt dir? ....
j *W*.......... Schulfach gefällt dir? ....

D Hören: Alltagssprache

D2 **16 Was weißt du noch? Ergänze *Daniel* oder *Daniels Mutter* und ordne zu. Vergleiche.** → KB S. 119

Daniel hört ...	... kommt .... nach Hause.
Dann putzt er seine Schuhe, ...	... aber da ist keine Nachricht.
Um sechs Uhr ...	... geht einkaufen und räumt sein Zimmer auf.
.... sagt, ...	... die Nachrichten auf dem Anrufbeantworter.
.... sagt, ...	... sie hatte keine Zeit für einen Anruf.
.... schaltet den Anrufbeantworter ein, ...	... „Da war eine Nachricht von dir auf dem Anrufbeantworter."

D2 **17 Bring nun die Dialogteile in die richtige Reihenfolge.**

A ◯
Daniel: Das ist seltsam, die Nachricht ist weg.
Mutter: Ich hatte sechs Termine am Nachmittag. Ich hatte wirklich keine Zeit für einen Anruf.

B ◯
Mutter: Hallo Daniel, bist du da?
Daniel: Ja, und ich bin fertig, ich habe alles gemacht.

C ◯
„Daniel, hier ist Mama, es ist jetzt vier Uhr. Bitte vergiss nicht, du musst noch deine Schuhe putzen und einkaufen."

D ◯
Daniel: Es ist auf dem Anrufbeantworter, ganz sicher.
Mutter: Nein, Daniel, sicher nicht.
Daniel: Doch. Hör zu, da ist deine Nachricht. Warte, ich schalte den Anrufbeantworter ein. So, da muss sie sein.

D2 **18** **Ergänze den Dialog.**

Doch · da muss es sein · ~~ich bin fertig~~ · ich hatte wirklich keine Zeit · vergiss nicht · Nein, sicher nicht.

- ⊙ So, *ich bin fertig*, das war die Hausarbeit für Deutsch. Welche Übungen müssen wir für Mathematik machen?
- ◆ Warte, ich suche mein Heft. Wo ist meine Tasche? ... So, **a** ……………………, ja hier. Übung 12–15.
- ⊙ **b** ……………………
- ◆ **c** ……………………, da steht: Seite 23, Übung 12.
- ⊙ Aber Übung 12 haben wir schon gemacht. Und **d** ……………………, wir müssen auch die Hausarbeit für Englisch machen.
- ◆ Ja genau. ... Hast du das Buch für Französisch schon gelesen?
- ⊙ Nein, **e** …………………… für Französisch.

E Grammatik

Pronomen im Akkusativ und Dativ

E2 **19** **Ergänze die Tabelle.**

~~mich~~ · es · euch · sie/Sie · ihn · sie · uns · dich

Nominativ	ich	du	er	sie	es	wir	ihr	sie/Sie
Akkusativ	*mich*							
Dativ	mir	dir	ihm	ihr	ihm	uns	euch	ihnen/Ihnen

E2 **20** **Ergänze die Dialoge mit den passenden Pronomen.**

a ⊙ Wie ist Simons Telefonnummer? Ich muss ………… anrufen.
◆ Die Nummer steht im Telefonbuch.

b ⊙ Wie ist Erikas Telefonnummer? Ich muss ………… anrufen.
◆ Die Nummer ist 0664 235755.

c ⊙ Wie ist Peters und Petras Telefonnummer? Ich muss ………… anrufen.
◆ Tut mir leid, das weiß ich nicht.

d ⊙ Ich muss ………… heute Abend noch anrufen, Andreas.
◆ Kein Problem. Du kannst ………… bis 22 Uhr anrufen.

e ⊙ Wie ist eure Telefonnummer, Jakob und Lisa? Ich rufe ………… morgen an.
◆ 623412. Ruf ………… am Abend an, da sind wir sicher zu Hause.

E2 **21** **Hör die Diskussion im Haus von Familie Schmidt. Welche Personen sind mit „du“, „er“ oder „ich“ gemeint? Trag die Buchstaben für die Personen in den Dialog ein.** 57

- M Frau Schmidt, Mutter
- V Herr Schmidt, Vater
- D Dominik, Sohn
- P Petra, Tochter
- M Melanie, Tochter

Frau Schmidt: Kannst *du* ( ) bitte einkaufen gehen?

Dominik: Warum immer *ich* (D)? Frag doch *sie* ( ). *Sie* ( ) gehen nie einkaufen. Und *er* ( ) auch nicht.

Frau Schmidt: Du kannst *ihn* ( ) ja fragen. Vielleicht hat er Zeit und fährt mit *dir* ( ) in den Supermarkt.

Herr Schmidt: Nein, leider. *Ich* ( ) kann nicht mit *ihm* ( ) in den Supermarkt fahren. *Ich* ( ) habe noch einen Termin.

Petra: Was heißt: *„Sie* ( ) gehen nie einkaufen?“ *Wir* ( ) machen sehr viel Hausarbeit. *Ich* ( ) koche sogar manchmal und räume manchmal sogar dein Zimmer auf.

Melanie: *Ich* ( ) mache am Mittwoch immer das Abendessen. Gerade am Mittwoch seid *ihr* ( ) nach dem Training immer so hungrig, Petra und *du* ( ). Da koche ich dann für *euch* ( ).

Dominik: Na gut, ich gehe schon.

Herr Schmidt: Kannst du auch zur Post gehen und ein Paket für *mich* ( ) abholen?

Dominik: Nein, dann muss *sie* ( ) mitkommen. Es ist jetzt schon so spät.

Petra: Aber heute ist Mittwoch, da haben *wir* ( ) doch unser Training.

Dominik: Stimmt. Dann muss *sie* ( ) gehen.

Aussprache

22 **Hör zu. Wo hörst du ein /r/? Wo hörst du kein /r/? Markiere.** 58

Lehrer	Lehrerin	hören	richtig	war	waren
Partner	Partnerin	Russland	Anruf	rot	warten

23 **Wann spricht man ein /r/? Wann spricht man kein /r/? Kreuze an.**

	/r/	kein /r/
a Das **r** ist am Wortanfang oder am Silbenanfang: rot, waren	( )	( )
b Das **r** ist am Wortende oder am Silbenende: war, warten	( )	( )

24 **Pronomen und (Possessiv-)Artikel. Wo hörst du ein /r/? Wo hörst du kein /r/? Markiere. Hör dann zu und sprich nach.** 59

mir dir euer unser ihr er eure unsere der ihre welcher einer

Finale: Fertigkeitentraining

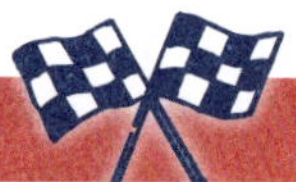

25 Das große „Ideen"-Lesequiz

Was weißt du noch? Beantworte die Fragen zu den Lesetexten im Kursbuch. Weißt du die Antwort nicht? Dann such sie im Kursbuch.

a Welches Land heißt auch „Helvetia"? .... → L1, A1

b Wer ist Osamu Tezuka? .... → L2, A1

c Warum sind in Juans Fußball Steine? .... → L3, A1

d Was ist Sandra Neumanns Lieblingsfilm? .... → L3, F1

e Was ist Isabella Rossellini von Beruf? .... → L4, A2

f Wie heißt die große Zirkusfamilie in München? .... → L4, F1

g Was ist „Namako"? .... → L5, A3

h Was essen Sumoringer am Morgen? .... → L5, F1

i Wo ist Naturschutz ein Schulfach? .... → L6, A2

j Wer hatte einen IQ von 160? .... → L6, F1

k Was möchte Sena aus Sri Lanka später werden? .... → L7, A2

l Wie viele Fernsehserien in Deutschland kommen aus den USA? .... → L8, A2

m Wie lange muss man für den Weltrekord im Fernsehen fernsehen? .... → L8, F1

n Wo liegt das Maracanã Fußballstadion? .... → L9, A2

o Woher kommt die Akupunktur? .... → L10, A2

p Was war der „Schwarze Freitag"? .... → L10, F1

q Was ist ein „hoaxer"? .... → L11, A2

r Warum fahren Touristen nach Belmez in Andalusien? .... → L12, A2

26 Das große „Ideen"-Hörquiz

Hör die Teile aus den Hörtexten des Kursbuchs noch einmal und beantworte die Fragen. Weißt du die Antwort nicht? Dann such sie im Kursbuch.

Strategie – Beim Hören
Schließ die Augen und mach dir ein inneres Bild von den Situationen. Wer spricht mit wem? Wie sehen die Personen aus? Wo sind die Personen? Deine inneren Bilder helfen dir beim Verstehen der Texte.
Zum Beispiel: Wie sieht Thomas aus? Wie sieht die Lehrerin aus? Wo ist Thomas? Wo ist die Lehrerin?

a Weiß Thomas die Antwort?
Was ist die Antwort? .... → L1, D1

b Was meint Markus? Wer ist die Frau?
Und wer ist die Frau wirklich? .... → L2, D2

c Warum sehen Kaya und Stefan
am Abend das U2-Konzert nicht? .... → L3, D1

d Wie alt ist Jasmins Mutter? .... → L4, D2

e Nimmt Jakob den Orangensaft?
Warum? Oder: Warum nicht? .... → L5, D2

f Nehmen Michael und Monika den
Englischkurs? Warum?/Warum nicht? .... → L6, D1

g Bezahlt Frau Huber die 70 €?
Warum?/Warum nicht? .... → L7, D1

h Kommt Peter auch in Charlies Bar?
Warum/Warum nicht? .... → L8, D1

i Wo ist das Eisenbahnmuseum? .... → L9, D2

j Was sucht Irene in ihrer Tasche? .... → L10, D2

k Warum war Julia nicht beim
Training? Was sagt sie? .... → L11, D1

l Was muss Daniel alles machen? .... → L12, D2

27 **Du fährst für drei Wochen nach Deutschland. Deine Gastfamilie schreibt dir eine E-Mail. Schreib eine Antwort.**

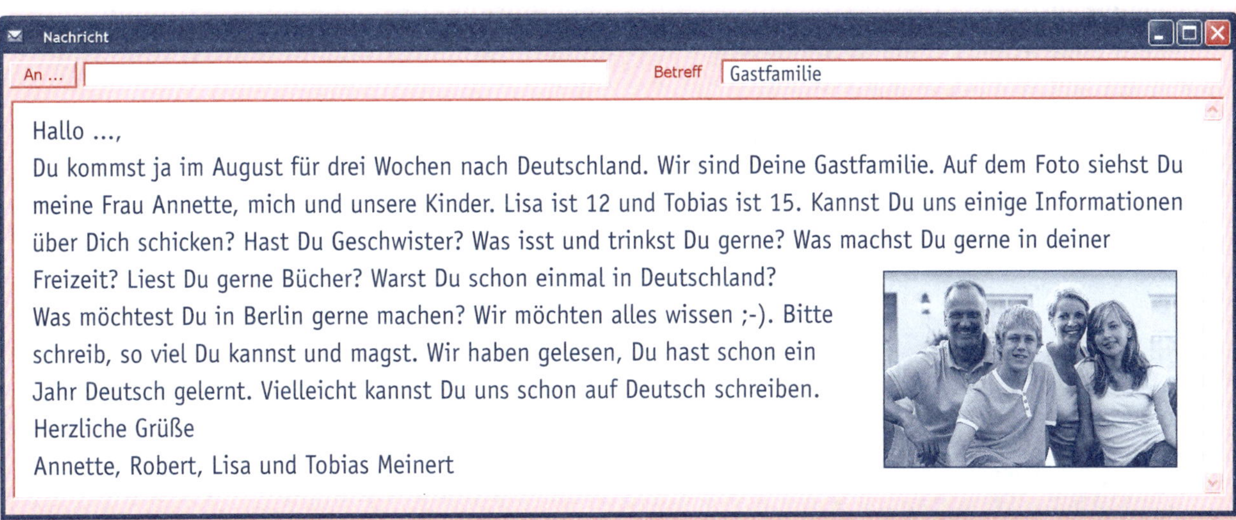

Nachricht

An ... | Betreff: Gastfamilie

Hallo ...,
Du kommst ja im August für drei Wochen nach Deutschland. Wir sind Deine Gastfamilie. Auf dem Foto siehst Du meine Frau Annette, mich und unsere Kinder. Lisa ist 12 und Tobias ist 15. Kannst Du uns einige Informationen über Dich schicken? Hast Du Geschwister? Was isst und trinkst Du gerne? Was machst Du gerne in deiner Freizeit? Liest Du gerne Bücher? Warst Du schon einmal in Deutschland?
Was möchtest Du in Berlin gerne machen? Wir möchten alles wissen ;-). Bitte schreib, so viel Du kannst und magst. Wir haben gelesen, Du hast schon ein Jahr Deutsch gelernt. Vielleicht kannst Du uns schon auf Deutsch schreiben.
Herzliche Grüße
Annette, Robert, Lisa und Tobias Meinert

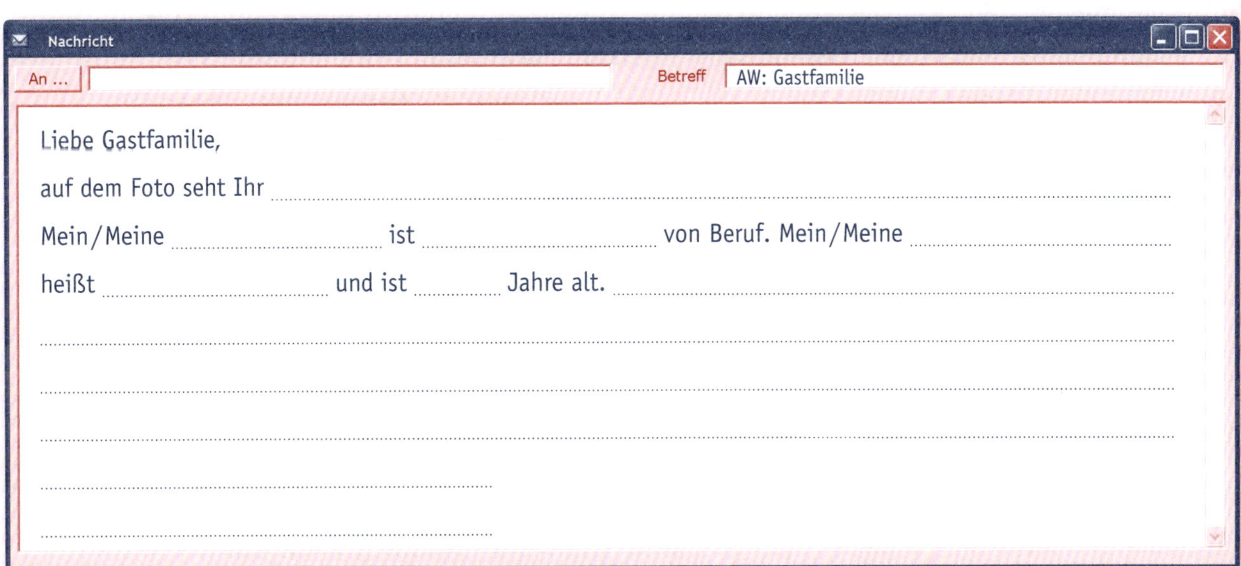

Nachricht

An ... | Betreff: AW: Gastfamilie

Liebe Gastfamilie,

auf dem Foto seht Ihr ....

Mein/Meine .... ist .... von Beruf. Mein/Meine ....

heißt .... und ist ...... Jahre alt. ....

....

....

....

....

....

Lernwortschatz

Nomen

Angst, die, ¨-e ....
Küche, die, -n ....
Nase, die, -n ....
Zimmer, das, – ....
Wohnzimmer, das, – ....
Ferienhaus, das, ¨-er ....
Toilette, die, -n ....
(Zimmer-)Decke, die, -n ....
Bad, das, ¨-er ....
Fernsehapparat, der, -e ....
Schrank, der, ¨-e ....
Bett, das, -en ....
Kühlschrank, der, ¨-e ....
Wohnung, die, -en ....
See, der, -n ....
Computerspiel, das, -e ....
Aufgabe, die, -n ....
(Haus-)Arbeit, die, -en ....
Ordnung, die (Sg.) ....
Schuh, der, -e ....
Paket, das, -e ....
Brief, der, -e ....
Nachricht, die, -en ....
Fotoapparat, der, -e ....
(Telefon-)Gespräch, das, -e ....
Ferienwohnung, die, -en ....
Plan, der, ¨-e ....
Feiertag, der, -e ....
Fest, das, -e ....
Sache, die -n ....
Prospekt, der, -e ....
Schloss, das, ¨-er ....
Blatt, das, ¨-er ....

Verben

putzen ....
holen ....
schicken ....
sammeln ....
aufpassen ....
suchen ....
reisen ....
planen ....
erzählen ....
gefallen ....
waschen ....
aufräumen ....
abholen ....
wählen ....
feiern ....

Adjektive

gemütlich ....

andere Wörter

welcher/
welches/
welche ....
einmal ....
besonders ....
lieber ....
früher ....

Wichtige Wendungen

über Gefühle sprechen

Maria und ihre Familie haben jetzt keine Angst mehr.

Zimmer und Gegenstände in einer Wohnung lokalisieren

In der Küche haben wir einen Kühlschrank.
Die Küche ist nicht links, die Küche ist rechts.

über Arbeiten im Haushalt sprechen

Ich gehe gern einkaufen.
Ich muss mein Zimmer aufräumen.

Alltagssprache

Ich bin fertig.
Nein, Daniel, sicher nicht. – Doch!
Da muss es sein.
Ich hatte wirklich keine Zeit.

Das kann ich jetzt ...

	... gut.	... mit Hilfe.	Das übe ich noch.

1 Wörter

Ich kann zu den Themen sechs Wörter nennen:

	... gut.	... mit Hilfe.	Das übe ich noch.
a Haus oder Wohnung: *Wohnzimmer,*	○	○	○
b Möbel: *Schrank,*	○	○	○
c Hausarbeit: *Betten machen,*	○	○	○

2 Sprechen

	... gut.	... mit Hilfe.	Das übe ich noch.
a Über die eigene Wohnung oder das eigene Haus sprechen:	○	○	○

Wir haben ein Wohnzimmer ...
Im Wohnzimmer haben wir ... Habt ihr ...?

	... gut.	... mit Hilfe.	Das übe ich noch.
b Über Computerspiele sprechen:	○	○	○

Mir gefallen Strategiespiele.
Welche Computerspiele gefallen dir?

	... gut.	... mit Hilfe.	Das übe ich noch.
c Über Hausarbeit sprechen:	○	○	○

Was musst du zu Hause machen? Ich muss immer ...
Was machst du gerne? Ich ... gerne. Ich ... lieber.

3 Lesen und Hören

Die Texte verstehe ich:

	... gut.	... mit Hilfe.	Das übe ich noch.
a Die Gesichter von Belmez → KB S. 115	○	○	○
b „Sehr gemütlich!" Frau Weiß zeigt ihr Ferienhaus. → KB S. 116	○	○	○
c Geister im Computer → KB S. 117	○	○	○
d Mamas Nachricht → KB S. 119	○	○	○

4 Schreiben

	... gut.	... mit Hilfe.	Das übe ich noch.
Eine E-Mail über eine Ferienwohnung.	○	○	○

Test: Modul 3

Grammatik

Punkte

1 Was ist richtig? Streich die falschen Artikelwörter weg.

a Kommt Anna mit ~~der~~ | dem Bus oder mit dem | der Zug?
b Die Schule ist neben dem | der Park.
c Der Bus wartet beim | bei der Hotel.
d Wohnst du in einer | einem Haus oder in einem | einer Wohnung?
e Hinter den | dem Häusern beginnt der Wald.
f Zwischen der | dem Apotheke und dem | der Bahnhof ist das Hotel Albatros.

1 | 8

2 Ergänze *wohin*, *woher* oder *wo*.

a ⊙ ………… ist dein Fahrrad? ◆ Es steht vor der Schule.
b ⊙ ………… kommst du denn? ◆ Vom Sportplatz.
c ⊙ ………… seid ihr letzte Woche gefahren? ◆ Nach Berlin.
d ⊙ ………… arbeitet dein Vater? ◆ In der Fabrik.

2 | 4

3 Ergänze *vom*, *zum*, *zur* oder *nach*.

a ⊙ Entschuldigen Sie, wie komme ich *zum* Bahnhof? ◆ Immer geradeaus.
b ⊙ Wann fährst du morgen ………… Stuttgart? ◆ Um zehn.
c ⊙ Wie lange brauchst du ………… Schule? ◆ Zehn Minuten mit dem Fahrrad.
d ⊙ Ich denke, da rechts geht es ………… Museum. ◆ Ja, genau.
e ⊙ ………… Bahnhof ………… Apotheke sind es nur 300 Meter. ◆ Wirklich?
f ⊙ Komm, es ist spät, wir müssen ………… Hause. ◆ Ach, komm! Jetzt schon?

3 | 6

4 Ergänze die Präteritum-Formen von *haben* und *sein*.

⊙ Hallo Miriam, wo ………… du gestern? Warum ………… du nicht im Kino?
◆ Ich ………… keine Zeit. Wir ………… ein Volleyballspiel in der Schule.
⊙ Der Film ………… wirklich toll. Und nach dem Kino ………… wir noch bei Georg.
◆ Wie lange ………… ihr denn da?
⊙ Bis neun, es ………… sehr lustig.

4 | 8

5 Ergänze die Verben im Perfekt.

a ⊙ *(machen)* Was *hast* du so lange am Computer …………?
◆ *(schreiben)* Ich ………… zehn E-Mails ………….
b ⊙ *(fahren)* Ich bin allein zu Hause. Meine Eltern ………… nach Frankreich ………….
c ⊙ *(essen)* ………… du schon einmal Schnecken …………? ◆ Nein, noch nie.
d ⊙ *(kommen)* Wann ………… du gestern nach Hause …………? ◆ Um zehn.

5 | 9

Punkte

Wortschatz

6 **Schreib die Orte.**

a Man kann dort Briefmarken kaufen: *das Postamt*

b Man kann dort Geld wechseln: ....

c Man kann dort Medikamente kaufen: ....

d Flugzeuge landen dort: ....

e Der Bus bleibt dort stehen: ....

6 ... |4

7 **Schreib die Wörter in die Listen.**

Monate	Jahreszeiten
....	....
....	....

- Frühling
- Juni
- Sommer
- März
- Herbst
- April
- Dezember
- Winter

7 ... |8

8 **Wie heißen die Körperteile?**

AMR *der Arm (-e)*
EBIN ....
HNAD ....
CBAUH ....
FIRGEN ....
AHLS ....
CÜKREN ....
UBSRT ....

8 ... |7

9 **Schreib die Namen für Zimmer und Möbel.**

_ ü c _ _ → *die Küche (-n)*
_ _ _ r a _ k → ....
_ l _ r → ....
_ o _ _ → ....

_ o i _ _ t t _ → ....
B _ _ _ → ....
_ e _ a _ → ....
_ u s _ _ _ → ....

9 ... |7

Alltagssprache

10 **Ergänze die Dialoge.**

A Achtung
B Gern geschehen.
C Doch
D ~~Was ist heute für ein Tag~~
E Das stimmt sicher nicht.

a ⊙ (*D*), Lena? ◆ Mittwoch. ⊙ Bist du sicher?

b ⊙ Vielen Dank für die Hilfe! ◆ ( )

c ⊙ ( ), Julian, da kommt ein Auto! ◆ Danke, das war Glück.

d ⊙ Unser Chemietest ist am Freitag. ◆ ( ) Der Test ist heute.

e ⊙ Pascal ist sicher noch nicht 16. ◆ ( ), gestern war sein Geburtstag.

10 ... |4

Grammatik	Wortschatz	Phrasen	Wie gut bist du schon?
30-35	20-26	4	☺ Sehr gut!
22-29	13-19	3	😐 Okay!
0-21	0-12	0-2	☹ Na ja. Das übe ich noch.

Gesamt ... |65

Lösungsschlüssel zu den Modul-Tests

Test: Modul 1

Grammatik

1 **a** Bist **b** Hast, habe **c** Magst, mag **d** sind, haben

2 **a** Meine **b** ihr **c** Ihr **d** seine **e** seine

3 **b** Wie alt **c** Woher **d** Wie viele **e** Wer **f** Wo **g** Wann

Wortschatz

4 **a** langweilig **b** schlecht **c** alt **d** teuer

5

Familie	Gegenstände	Zahlen	Berufe
Großmutter	Kugelschreiber	tausend	Schauspieler
Tante	Fenster	fünfzig	Ingenieur
Cousin	Bleistift	fünfzehn	Sängerin

6 **Beispiellösung:** -(e)n: Jungen -e/¨e: Freunde -er/¨er: Kinder -s: Cousins

7 **Beispiellösung:**
der: Freund, Mensch, Zug **das:** Hotel, Lied **die:** Stadt, Pizza, Schwester

Alltagssprache

8 **b** Schade **c** Schau, da steht es. **d** Oh Schreck! **e** Na also! **f** Rate doch mal!

Test: Modul 2

Grammatik

1 **b** Sprichst **c** nimmst, nehme **d** Isst **e** Esst

2 **b** kann Rad fahren, kann nicht schwimmen
c können nicht singen, können tanzen

3 **b** Schreib eine SMS. Schreibt eine SMS **c** Hör zu. Hört zu
d Sprich die Sätze nach. Sprecht die Sätze nach.

4 Michael kauft eine Cola für seine Schwester, ein Mineralwasser für seinen Vater und einen Orangensaft für seinen Freund.
Anna kauft einen Toast für ihre Tante, einen Hamburger für ihren Bruder und einen Salat für ihren Onkel.

5 **b** Kommst ... mit **c** steige ... aus **d** fängt ... an **e** rufen ... an

Wortschatz

6 **a** blau **b** rot **c** grau **d** grün **e** Gelb **f** lila

7 **b** hungrig **c** traurig **d** glücklich **e** müde

8 **Speisen:** Käse, Wurst, Brot, Hähnchen **Getränke:** Milch, Orangensaft, Tee

9 Erdkunde, Deutsch, Biologie, Musik, Geschichte, Sport

Alltagssprache

10 **b** C **c** D **d** E **e** A

Test: Modul 3

Grammatik

1 **a** dem, dem **b** dem **c** beim **d** einem, einer **e** den **f** der, dem

2 **a** Wo **b** Woher **c** Wohin **d** Wo

3 **b** nach **c** zum **d** zur **e** vom, zur **f** nach

4 warst, warst, hatte, hatten, war, waren, wart, war

5 **a** gemacht, habe ... geschrieben **b** sind ... gefahren **c** Hast ... gegessen
d bist ... gekommen

Wortschatz

6 **b** die Bank **c** die Apotheke **d** der Flughafen **e** die Haltestelle

7 **Monate:** März, April, Juni, Dezember
Jahreszeiten: Frühling, Sommer, Herbst, Winter

8 das Bein (-e), die Hand (¨e), der Bauch (¨e), der Finger (-), der Hals (¨e), der Rücken (-), die Brust (¨e)

9 Küche, die Küche (-n), Schrank, der Schrank (¨e), Flur, der Flur (-e), Sofa, das Sofa (-s), Toilette, die Toilette (-n), Bett, das Bett (-en), Regal, das Regal (-e), Dusche, die Dusche (-n)

Alltagssprache

10 **b** B **c** A **d** E **e** C

Quellenverzeichnis

S. 13: *Goethe* © Thinkstock/iStock/GeorgiosArt
S. 25: *Schüler* © PantherMedia/Anna-Katharina Steinhardt
S. 28: *Fußball* © dpa Picture-Alliance/AP; *Schachspieler* © Getty Images/Sion Touhig
S. 31: *Tanzlehrerin* © Thinkstock/iStock/bbtomas
S. 35: *Junge* © fotolia/edwood; *Mädchen* © PantherMedia/Kati Neudert
S. 39: *Plakat „Titanic"* © action press/20th Century Fox/Everett Collection; *Plakat „Casablanca"* © action press/Collection Christophel; *Oscar* © action press/Berliner Studios LLC
S. 40: *Hillary Clinton* © Thinkstock/Getty Images News/Alex Wong; *Oliver Kahn* © dpa Picture-Alliance/Gladys Chai von der Laage
S. 50: *Klapperschlange* © Thinkstock/iStock/Maria Dryfhout; *Heuschrecke* © Thinkstock/sodapix
S. 60: Schüler © Thinkstock/iStock/yungshu chao; *Einrad* © Imago
S. 68: *Sven* © alephnull/fotolia.com; *Leonard* © iStock/strickke; *Michaela* © Imago / G. König; *Sabine* © Thinkstock/iStock/mum_ble
S. 72: *Welle* © Thinkstock/iStock/Michael Braun
S. 80: *Projektarbeit* © Thinkstock/Getty Images News/Joe Raedle
S. 81: *Tsunami* © Thinkstock/Getty Images News/Scott Barbour
S. 84: *Familie Feuerstein* © action press/Universal/Everett Collection, INC.; *Eine schrecklich nette Familie* © SZ Photo/United Archives/ KPA Archival Collection
S. 92: *Musiker* © fotolia/Kzenon
S. 98: *Kaiserpalast* © iStock/Vincent_St_Thomas; *Broadway* © Thinkstock/iStock editorial/r_drewek; *Strand* © Thinkstock/iStock/ribeirorocha; *Bootsfahrt Nil* © Thinkstock/iStock/Cobalt88
S. 106: *Arnis* © PantherMedia/Kay Augustin; *Potsdamer Platz* © PantherMedia/ Ch. Stangl
S. 110: *Akupunktur* © Wilfried Krenn
S. 120: *Porträt* © PantherMedia/Andres Rodriguez
S. 124: *Kornkreise* © Harald Hoos
S. 147: *Familie* © Thinkstock/iStock/monkeybusinessimages

Alle weiteren Fotos: Alexander Keller, München

Zeichnungen: Beate Fahrnländer, Lörrach

Bildredaktion: Britta Meier, Hueber Verlag, München